КЛАСС!ное

И.А. Бунин

СОЛНЕЧНЫЙ УДАР
и другие рассказы

Книга для чтения с заданиями
для изучающих русский язык как иностранный

Третье издание, исправленное

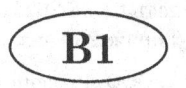

B1

РУССКИЙ ЯЗЫК
КУРСЫ

МОСКВА
2021

УДК 811.161.1
ББК 81.2 Рус-96
Б91

Адаптация текста, комментарий: *Ерёмина Н.А.*
Задания: *Старовойтова И.А.*

Бунин, И.А.
Б91 **Солнечный удар** и другие рассказы: Книга для чтения с заданиями / И.А. Бунин. — 3-е изд., испр. — М.: Русский язык. Курсы, 2021. — 96 с. (Серия «КЛАСС!ное чтение»)
ISBN 978-5-88337-411-0

В книге представлены рассказы известного русского писателя первой половины XX века И.А. Бунина.

Эти рассказы о любви. Писатель утверждает, что любовь — великое счастье даже тогда, когда заканчивается трагически. И это чувство остаётся в памяти человека на всю жизнь.

Текст рассказов адаптирован (В1), сопровождается комментарием, заданиями на понимание прочитанного и на развитие речи. В книге приводятся наиболее интересные факты из жизни И.А. Бунина.

УДК 811.161.1
ББК 81.2 Рус-96

Учебное издание
Бунин Иван Алексеевич

СОЛНЕЧНЫЙ УДАР И ДРУГИЕ РАССКАЗЫ

Редактор *Н.А. Ерёмина*. Корректор *О.Ч. Кохановская*.
Вёрстка *Е.П. Бреславская*

16+

Подписано в печать 05.08.2021. Формат 60×90/16
Объём 6 п.л. Тираж 250 экз. Заказ № 10062

Издательство ООО «Русский язык». Курсы
107078, Москва, Новая Басманная ул., д. 19, стр. 2
Тел./факс: +7(499) 261-12-26, тел.: +7(499) 261-54-37
e-mail: rusyaz_kursy@mail.ru, rkursy@gmail.com,
ruskursy@gmail.com
Сайт издательства: www.rus-lang.ru

Отпечатано с готового оригинал-макета издательства в типографии ООО «Паблит».
Адрес: 127282, г. Москва, ул. Полярная, 31В, стр.1. Тел. (495) 230-20-52

В оформлении обложки использован рисунок Т.А. Ляхович

ISBN 978-5-88337-411-0   © Издательство «Русский язык». Курсы, адаптация текста, комментарий, задания, оформление, 2015

Содержание

- Предисловие ... 4
- Бунин Иван Алексеевич ... 5
- Солнечный удар ... 9
- Кавказ ... 17
- Тёмные аллеи ... 22
- Руся ... 28
- В Париже ... 35
- Холодная осень ... 45
- Комментарий ... 49
- Задания ... 56

Предисловие

Эта книга включена в серию «КЛАСС!ное чтение». В серию вошли произведения русских классиков, а также известных современных писателей. Тексты произведений адаптированы с расчётом на разные уровни обучения РКИ (А1, А2, В1, В2, С1).

В данном издании представлены рассказы известного русского писателя первой половины XX века И.А. Бунина. Эти рассказы о любви. Писатель утверждает, что любовь — великое счастье даже тогда, когда заканчивается трагически. И это чувство остаётся в памяти человека на всю жизнь.

В книге приводятся наиболее интересные факты из жизни И.А. Бунина. Текст рассказов адаптирован (В1). Перед текстом помещён список слов, значение которых можно проверить в словаре (если они вам незнакомы). После произведения дан комментарий (в тексте обозначен *), а также предлагаются вопросы и тестовые задания на понимание прочитанного, на развитие речи и задания, помогающие повторить грамматические формы, актуальные для данного уровня обучения.

Издание адресовано иностранцам, изучающим русский язык и интересующимся русской литературой.

Эта книга будет полезна всем, кто хочет совершенствовать свой русский язык.

Бунин Иван Алексеевич
(1870–1953)

Иван Алексеевич Бунин родился в Воронеже* в дворянской* семье. Детские годы прошли в Орловской губернии* в родовом имении*. В десять лет он поступил в Елецкую* гимназию, где проучился 4,5 года, и затем вернулся домой. Образование его завершилось не совсем обычно. Его старший брат, окончивший университет, прошёл весь гимназический курс с младшим братом. Занимался с ним языками, читал основы философии, психологии, общественных и естественных наук. Оба были особенно увлечены литературой. С раннего детства Бунин воспитывался на поэзии А.С. Пушкина и М.Ю. Лермонтова.

Впервые стихи Бунина были напечатаны в 1888 году. В следующем году Бунин переехал в Орёл и стал работать корректором в газете. Поэзия Бунина, собранная в сборник под названием «Стихотворения» (1891), стала его первой опубликованной книгой. Вскоре творчество Бунина получает известность. Следующие его стихотворения были напечатаны в сборниках «Под открытым небом» (1898), «Листопад» (1901) и др.

Знакомство с известными писателями (М. Горьким, Л.Н. Толстым, А.П. Чеховым и др.) оказало большое влияние на жизнь и творчество Бунина. Он начинает писать прозу. Выходят его рассказы «Новая дорога», «Святые горы», «Антоновские яблоки», «Сосны». В 1903 году Академия наук присудила Бунину Пушкинскую премию за сборники «Листопад» и «Песнь о Гайавате». В 1909 году он был избран почётным членом Петербургской Академии наук. Значительное место в литературной жизни России Бунин занял в 1910-е годы, когда вышли его повести «Деревня» (1910) и «Суходол» (1911), а также произведения, посвящённые вечным темам любви и смерти, добра и зла, красоты жизни и её жестокости: «Братья» (1914), «Господин из Сан-Франциско» (1915), «Лёгкое дыхание» (1916). Проза Бунина отличается глубоким психологизмом, способностью тонко чувствовать русскую природу и русский характер.

В 1920 году Бунин эмигрировал и поселился во Франции. В эмиграции писатель активно продолжает заниматься литературной деятельностью, пишет лучшие свои произведения: повесть «Митина любовь» (1924), рассказ «Солнечный удар» (1925), роман «Жизнь Арсеньева» (1927–1933), цикл рассказов «Тёмные аллеи» (1943). Эти произведения стали новым словом в творчестве Бунина и в русской литературе. В представленных в этом издании рассказах любовь — самое прекрасное чувство. Бунин показал момент высочайшего торжества любви. Настоящая любовь не проходит, она остаётся в сердце на всю жизнь.

За роман «Жизнь Арсеньева» в 1933 году Бунин был награждён Нобелевской премией. В этом романе автор развивает темы родины, любви, жизни и смерти.

Получив премию, писатель помогал деньгами соотечественникам, тоже оказавшимся в эмиграции.

Во время Второй мировой войны Бунин жил во французском Грассе, оккупированном фашистами. Он отказывался от сотрудничества с нацистскими властями. Бунин помогал русским эмигрантам, участникам французского Сопротивления. Спасал евреев, пряча их на своей вилле. В конце войны писатель радовался победе над фашизмом.

Бунин долгие годы провёл в эмиграции, но всегда мечтал вернуться в Россию. К сожалению, писателю это так и не удалось осуществить. Всё, написанное им в эмиграции, касалось России, русского человека, русской природы.

В последние годы жизни Бунин много болел. Он писал воспоминания, приводил в порядок архив и работал вплоть до своей кончины.

Скончался Иван Алексеевич в 1953 году в Париже.

Бунин был первым русским писателем, который получил Нобелевскую премию в области литературы. Он писал о вечных ценностях в жизни человека. Он показал своё время, свою эпоху. Это интересно для понимания истории России. Поэтому его книги читают и сегодня во всём мире. Произведения Бунина переведены на все европейские языки и на некоторые восточные.

Если эти слова (в тексте они выделены) вам незнакомы, посмотрите их значение в словаре.

База́р
бакенба́рды
блаже́нно

Восто́рженный

Ду́шный

Зага́р
замере́ть
заря́

Изба́виться
изуми́ть
испо́ртить
испыта́ть

Мучи́тельный

Напряжённый
необходи́мый

Орден

Па́луба
поражён, порази́ть
преле́стный
приключе́ние
при́стань
прохла́дный

Свеча́
сму́глый
сумасше́дший
существова́ние

Умоля́ть

Ши́рма

Со́лнечный уда́р*

По́сле обе́да вы́шли из столо́вой на *па́лубу*. Она́ закры́ла глаза́, приложи́ла ру́ку к щеке́, засмея́лась просты́м, *преле́стным* сме́хом, — всё бы́ло преле́стно в э́той ма́ленькой же́нщине, — и сказа́ла:

—Я совсе́м пьяна́... Вообще́ я совсе́м с ума́ сошла́*. Отку́да вы взяли́сь? Три часа́ тому́ наза́д я да́же не зна́ла о ва́шем *существова́нии*. Я да́же не зна́ю, где вы се́ли. В Сама́ре*? Но вы ми́лый. Это у меня́ голова́ кру́жится, и́ли мы куда́-то повора́чиваем?

Впереди́ была́ темнота́ и огни́. Из темноты́ дул в лицо́ си́льный, мя́гкий ве́тер, парохо́д подходи́л к небольшо́й *при́стани*.

Пору́чик* взял её ру́ку, поднёс к губа́м. Рука́, ма́ленькая и си́льная, па́хла *зага́ром*. И блаже́нно и стра́шно *за́мерло* се́рдце при мы́сли, как, наве́рное, крепка́ и *смугла́* она́ вся под э́тим лёгким пла́тьем по́сле це́лого ме́сяца лежа́ния под ю́жным со́лнцем, на горя́чем морско́м песке́ (она́ сказа́ла, что е́дет из Ана́пы*).

Пору́чик ти́хо сказа́л:

—Сойдём...

—Куда́? — спроси́ла она́ удивлённо.

—На э́той при́стани.

—Заче́м?

Он промолча́л. Она́ опя́ть приложи́ла ру́ку к горя́чей щеке́.

—*Сумасше́дший*...

—Сойдём, — повтори́л он. — *Умоля́ю вас*...

—Ах, да де́лайте, как хоти́те, — сказа́ла она́.

Пароход с мя́гким сту́ком уда́рился в при́стань, и они́ чуть не упа́ли друг на дру́га. Пору́чик бро́сился за веща́ми.

Че́рез мину́ту они́ вы́шли на песо́к и мо́лча се́ли к изво́зчику* в пролётку*. Подъём в го́ру, среди́ ре́дких фонаре́й, по мя́гкой от пы́ли доро́ге, показа́лся до́лгим. Но вот они́ вы́ехали на каку́ю-то пло́щадь, почу́вствовали тепло́ и за́пахи ночно́го ле́тнего уе́здного го́рода*... Изво́зчик останови́лся во́зле све́тлого подъе́зда, за раскры́тыми дверя́ми кото́рого поднима́лась деревя́нная ле́стница. Ста́рый лаке́й* в сюртуке́* недово́льно взял ве́щи и пошёл вперёд. Вошли́ в большо́й, но о́чень *ду́шный*, нагре́тый за день со́лнцем но́мер с бе́лыми занаве́сками на о́кнах и двумя́ *свеча́ми* у зе́ркала. Когда́ они́ вошли́ и лаке́й закры́л дверь, пору́чик так бы́стро бро́сился к ней, что о́ба задохну́лись в поцелу́е. Пото́м мно́го лет они́ вспомина́ли э́ту мину́ту: никогда́ ничего́ похо́жего не *испыта́л* за всю жизнь ни он, ни она́.

В де́сять часо́в утра́, со́лнечного, жа́ркого, счастли́вого, она́, э́та ма́ленькая же́нщина, так и не сказа́вшая своего́ и́мени, шутя́ называ́вшая себя́ прекра́сной незнако́мкой, уе́хала. Спа́ли ма́ло, но у́тром, вы́йдя из-за *ши́рмы* во́зле крова́ти, за пять мину́т умы́лась и оде́лась, и сно́ва была́ свежа́, как в семна́дцать лет. По-пре́жнему она́ была́ проста́, весела́ и — уже́ *рассуди́тельна.*

— Нет, нет, ми́лый, — сказа́ла она́ в отве́т на его́ про́сьбу е́хать да́льше вме́сте, — нет, вы должны́ оста́ться до сле́дующего парохо́да. Е́сли пое́дем вме́сте, всё бу́дет *испо́рчено.* Мне э́то бу́дет о́чень неприя́тно. Даю́ вам че́стное сло́во, что я совсе́м не то, что вы могли́ обо мне поду́мать. Никогда́ ничего́ да́же похо́жего на то, что случи́лось, со мной не́ было, да и не бу́дет бо́льше.

10

На меня как будто затмение нашло*... Или, вернее, мы оба получили что-то вроде солнечного удара...

И поручик как-то легко согласился с нею. В лёгком и счастливом настроении он довёз её до пристани, — как раз к отходу парохода «Самолёт», — при всех поцеловал на палубе.

Так же легко, беззаботно и вернулся он в гостиницу. Однако что-то уже изменилось. Номер без неё показался каким-то совсем другим, чем был при ней. Он был ещё полон ею — и пуст. Это было странно! Ещё пахло её хорошим английским одеколоном, ещё стояла на подносе её чашка, а её уже не было... И сердце поручика вдруг сжалось такой нежностью, что поручик поспешил закурить и несколько раз прошёлся взад и вперёд по комнате.

— Странное *приключение*! — сказал он вслух, смеясь и чувствуя, что на глазах его появляются слёзы. — «Даю вам честное слово, что я совсем не то, что вы могли подумать...» И уже уехала... Странная женщина!

Ширма была отодвинута, постель ещё не убрана. И он почувствовал, что у него просто нет сил смотреть теперь на эту постель. Он закрыл её ширмой, закрыл окна, чтобы не слышать шум с улицы, и сел на диван... Да, вот и конец этому «дорожному приключению»! Уехала — и теперь уже далеко, сидит, наверное, в стеклянном белом салоне или на палубе и смотрит на блестящую под солнцем реку, на это огромное пространство... И прости, и уже навсегда. — Потому что где же они теперь могут встретиться? — «Не могу же я, — подумал он, — не могу же я просто так приехать в этот город, где её муж, её трёхлетняя девочка, вообще вся её семья и вся её обычная жизнь!» И мысль о том, что она так и будет жить в своём городе, часто, может

11

быть, вспоминая его, вспоминая их случайную встречу, а он уже никогда не увидит её, мысль эта изумила его. Нет, этого не может быть! Это было бы слишком неестественно, неправдоподобно! — И он почувствовал такую боль и такую ненужность всей своей дальнейшей жизни без неё, что испугался.

«Что это! — подумал он, вставая, опять начиная ходить по комнате и стараясь не смотреть на постель за ширмой. — Да что же это такое со мной? Кажется, не в первый раз — и вот... Да что в ней особенного и что вообще случилось? Действительно, какой-то солнечный удар! И главное, как же я буду теперь, без неё, целый день в этом городе?»

Он ещё помнил её всю, помнил запах её загара и платья, её крепкое тело, живой, простой и весёлый звук её голоса... «И что делать, — подумал он, — как прожить этот долгий день, с этими воспоминаниями, в этом маленьком городке над Волгой*, по которой увёз её этот пароход!»

Нужно было чем-нибудь занять себя, куда-нибудь идти. Он надел картуз*, быстро прошёл по пустому коридору, сбежал по лестнице... Да, но куда идти? У подъезда стоял извозчик и спокойно курил, наверное, дожидался кого-то. Поручик взглянул на него и с изумлением подумал: как это можно так спокойно курить и вообще быть простым, равнодушным? «Наверное, только я один так страшно несчастен во всём этом городе», — решил он и пошёл к *базару*.

Он зачем-то походил среди повозок с огурцами, среди новых мисок и горшков. Бабы зазывали его, брали горшки в руки и стучали по ним пальцами, показывая их качество, мужики громко кричали ему: «Вот первый сорт огурчики, ваше благородие*!» Всё это было так

12

глу́по, что он бежа́л с база́ра. Он зашёл в собо́р*, где пе́ли, пото́м до́лго шага́л по ма́ленькому жа́ркому са́дику на обры́ве горы́, над светло-се́рой реко́й... Бы́ло о́чень жа́рко. Он верну́лся в гости́ницу, с удово́льствием вошёл в большу́ю и пусту́ю *прохла́дную* столо́вую на ни́жнем этаже́, снял карту́з. Он сел за сто́лик во́зле откры́того окна́ и заказа́л ботви́нью* со льдо́м. Всё бы́ло хорошо́, во всём бы́ло огро́мное сча́стье, ра́дость. Во всём э́том незнако́мом городке́ и в э́той ста́рой гости́нице была́ она́, э́та ра́дость, а в то́ же вре́мя се́рдце разрыва́лось на ча́сти. Он вы́пил не́сколько рю́мок во́дки, заку́сывая малосо́льными огурца́ми. Он чу́вствовал, что, не заду́мываясь, у́мер бы за́втра, е́сли бы мо́жно бы́ло каки́м-нибудь чу́дом верну́ть её, побы́ть с ней ещё оди́н день. То́лько для того́, что́бы вы́сказать ей и чем-нибудь доказа́ть, как он *мучи́тельно и восто́рженно* лю́бит её... Заче́м доказа́ть? Он не знал заче́м, но э́то бы́ло *необходи́мее* жи́зни.

Он нали́л пя́тую рю́мку во́дки. Отодви́нул от себя́ ботви́нью, попроси́л чёрный ко́фе и стал кури́ть и ду́мать, что же тепе́рь де́лать ему́, как *изба́виться* от э́той неожи́данной любви́? Но изба́виться — он э́то чу́вствовал — бы́ло невозмо́жно. И он вдруг опя́ть бы́стро встал, взял карту́з и спроси́л, где по́чта. Бы́стро пошёл туда́, что́бы отпра́вить ей телегра́мму: «Вся моя́ жизнь навсегда́ ва́ша, в ва́шей вла́сти». Но дойдя́ до ста́рого до́ма, где была́ по́чта и телегра́ф, в у́жасе останови́лся: он знал го́род, где она́ живёт, знал, что у неё есть муж и трёхле́тняя до́чка, но не знал фами́лии и и́мени её! Он не́сколько раз спра́шивал её об э́том вчера́ за обе́дом и в гости́нице, и ка́ждый раз она́ смея́лась и говори́ла:

—А заче́м вам ну́жно знать, кто я? Я Ма́рья Море́вна*, замо́рская царе́вна... Ра́зве недоста́точно для вас э́того?

На углу́, во́зле по́чты, была́ витри́на фотомастерско́й. Он до́лго смотре́л на большо́й портре́т како́го-то вое́нного в эполе́тах*, с вы́пуклыми глаза́ми, с ни́зким лбом, с великоле́пными *бакенба́рдами* и широ́кой гру́дью, укра́шенной *ордена́ми*... Как ди́ко, как стра́шно всё бу́дничное, обы́чное, когда́ се́рдце *поражено́,* — да, поражено́, он тепе́рь понима́л э́то, — э́тим стра́шным «со́лнечным уда́ром», сли́шком большо́й любо́вью, сли́шком больши́м сча́стьем! Он взгляну́л на фотогра́фию новобра́чных — молодо́й челове́к в дли́нном сюртуке́ и бе́лом га́лстуке стоя́л под руку с деви́цей в подвене́чном наря́де, — пото́м уви́дел портре́т како́й-то хоро́шенькой ба́рышни*... Зате́м стал *напряжённо* смотре́ть вдоль у́лицы.

— Куда́ идти́? Что де́лать?

У́лица была́ пуста́. Дома́ бы́ли все одина́ковые, бе́лые, двухэта́жные, купе́ческие*, с больши́ми сада́ми, и каза́лось, что в них никого́ нет. Бе́лая густа́я пыль лежа́ла на мостово́й. Пору́чик, с опу́щенной голово́й, гля́дя себе́ под но́ги, зашага́л наза́д.

Он верну́лся в гости́ницу уста́лый, вошёл в свой большо́й и пусто́й но́мер. Но́мер был уже́ у́бран, не оста́лось после́дних следо́в её, — то́лько одна́ *шпи́лька*, забы́тая е́ю, лежа́ла на ночно́м сто́лике! Он снял ките́ль* и взгляну́л на себя́ в зе́ркало: лицо́ его́, — обы́чное офице́рское лицо́, се́рое от зага́ра, — име́ло тепе́рь сумасше́дшее выраже́ние, а в бе́лой то́нкой руба́шке бы́ло что́-то ю́ное и глубоко́ несча́стное. Он лёг на крова́ть, на спи́ну. О́кна бы́ли откры́ты, занаве́ски опу́щены, и лёгкий ветеро́к надува́л их. Он лежа́л, подложи́в ру́ки под заты́лок, и внима́тельно гляде́л пе́ред собо́й. Пото́м сти́снул зу́бы, закры́л ве́ки, чу́вствуя, как по щека́м ка́тятся слёзы, — и, наконе́ц, засну́л. А когда́ снова открыл глаза, за занавесками уже желтело вечернее солнце. Ветер стих, в номере было душно... И вчерашний день и сегодняшнее утро вспомнились так, как будто они были десять лет тому назад.

Он не спеша встал, не спеша умылся, поднял занавески, позвонил и спросил самовар* и счёт, долго пил чай с лимоном. Потом приказал привести извозчика, вынести вещи и, садясь в пролётку, дал лакею целых пять рублей.

—А кажется, ваше благородие, что это я привёз вас ночью! — весело сказал извозчик.

Когда спустились к пристани, уже синела над Волгой синяя летняя ночь.

—Вовремя я вас привёз! — сказал извозчик.

Поручик и ему дал пять рублей, взял билет, прошёл на *пристань*... И необыкновенно приветливо, хорошо показалось ему от того, что на пароходе было много людей, везде было светло и пахло кухней.

Через минуту поплыли дальше, вверх, туда же, куда унесло и её сегодня утром.

Тёмная летняя *заря* угасала далеко впереди, сонно и разноцветно отражаясь в реке. И плыли, и плыли назад огни, светящие в темноте вокруг.

Поручик сидел под навесом на палубе, чувствуя себя постаревшим на десять лет.

1925

Если эти слова (в тексте они выделены) вам незнакомы, посмотрите их значение в словаре.

База́р
белосне́жный
бле́дный
бу́дка
бу́ря

Великоле́пный
верши́на

Гром

Ду́шно

Жесто́кий

Зака́т
замеча́ть

Кипари́с

Магно́лия
мелька́ть

муче́ние

Опозда́ть
освещённый
о́слик (осёл)
осторо́жный
отврати́тельный

Па́льма
подозрева́ть

Следи́ть
ста́я

Та́ять
томи́тельный
тума́н

Чаевы́е

Кавка́з*

Я прие́хал в Москву́ и останови́лся в гости́нице, кото́рая находи́лась в переу́лке во́зле Арба́та*. Я жил *томи́тельно* — от свида́ния до свида́ния с не́ю. Была́ она́ у меня́ за э́ти дни всего́ три ра́за и ка́ждый раз входи́ла, говоря́:

— Я то́лько на одну́ мину́ту...

Она́ была́ *бледна́*, взволно́ванна, бро́сила куда́-то зо́нтик, спеши́ла подня́ть вуа́ль* и обня́ть меня́.

— Мне ка́жется, — говори́ла она́, — что он что́-то *подозрева́ет*, что он да́же зна́ет что́-то, — мо́жет быть, прочита́л како́е-нибу́дь ва́ше письмо́, подобра́л ключ к моему́ столу́... Я ду́маю, что он на всё спосо́бен при его́ *жесто́ком* хара́ктере. Оди́н раз он мне так и сказа́л: «Я ни пе́ред чем не остановлю́сь, защища́я свою́ честь, честь му́жа и офице́ра!» Тепе́рь он почему́-то *следи́т* за ка́ждым мои́м ша́гом. Что́бы наш план получи́лся, я должна́ быть о́чень *осторо́жна*. Он уже́ согласи́лся отпусти́ть меня́, я ему́ сказа́ла, что умру́, е́сли не уви́жу ю́га, мо́ря. Но прошу́ вас, бу́дьте терпели́вы!

План наш был тако́й: уе́хать в одно́м по́езде на кавка́зское побере́жье* и прожи́ть там вдвоём три-четы́ре неде́ли. Я знал э́то побере́жье, жил когда́-то не́которое вре́мя во́зле Со́чи*, — молодо́й, одино́кий... И она́ бледне́ла, когда́ я говори́л: «А тепе́рь я там бу́ду с тобо́й, у мо́ря...» В то, что у нас всё полу́чится, мы не ве́рили до после́дней мину́ты — уж о́чень больши́м сча́стьем каза́лось нам э́то.

В Москве́ шли холо́дные дожди́, каза́лось, что ле́то уже́ прошло́ и не вернётся. Был тёмный, *отврати́тельный* вечер, когда я ехал на вокзал. Мне было тревожно и холодно. По вокзалу и по платформе я пробежал бегом, надвинув на глаза шляпу и спрятав лицо в воротник пальто.

В маленьком купе первого класса, которое я заказал заранее, шумно лил дождь по крыше. Я сразу опустил занавеску на окне и, когда носильщик получил *чаевые* и вышел, я запер дверь на замок. Потом чуть приоткрыл занавеску и стал смотреть в окно. Мы договорились, что я приеду на вокзал раньше, а она позже, чтобы я не встретился с ней и с ним на платформе. Теперь они должны были уже приехать. Я смотрел *напряжённо* — их ещё не было. Я похолодел от страха: *опоздала* или он в последнюю минуту вдруг не пустил её! Но вдруг я увидел его высокую фигуру, офицерский картуз*, узкую шинель* и руку в замшевой перчатке, которой он держал её под руку. Рядом был вагон второго класса — я мысленно видел, как он вошёл в него вместе с нею, снял перчатку и картуз, поцеловал её и перекрестил*. Поезд отправился... Кондуктору, который проводил её ко мне и перенёс её вещи, я ледяной рукой дал десятирублёвую бумажку.

Войдя, она даже не поцеловала меня, только улыбнулась, села на диван и сняла шляпку.

— Я совсем не могла обедать, — сказала она. — Я думала, что не выдержу эту страшную роль до конца. И ужасно хочу пить. Дай мне нарзана*, — сказала она, в первый раз говоря мне ты. — Я уверена, что он поедет за мною. Я дала ему два адреса, Геленджик* и Гагры*. Ну вот, он и будет дня через три-четыре в Геленджике. Но бог с ним*, лучше смерть, чем эти *мучения*...

Утром, когда я вышел в коридор, в нём было солнечно и *душно*. За мутными от пыли окнами видны были пы́льные широ́кие доро́ги, *мелька́ли железнодоро́жные бу́дки*...

Из Геленджика́ и Гагр она́ посла́ла ему́ по откры́тке, написа́ла, что ещё не зна́ет, где оста́нется.

Пото́м мы спусти́лись вдоль бе́рега к ю́гу.

Мы нашли́ ме́сто, заро́сшее леса́ми, цвету́щими *куста́рниками, магно́лиями*, среди́ кото́рых поднима́лись *па́льмы и кипари́сы*.

Я просыпа́лся ра́но и, пока́ она́ спала́, до ча́я, кото́рый мы пи́ли часо́в в семь, шёл в лес. Горя́чее со́лнце бы́ло уже́ си́льно, чи́сто и ра́достно. В леса́х *та́ял* души́стый *тума́н*, за да́льними *верши́нами* видне́лись сне́жные го́ры... Наза́д я проходи́л че́рез *база́р* на́шей дере́вни там шла торго́вля, бы́ло мно́го наро́да, лошаде́й и *о́сликов*. По утра́м на база́р приезжа́ли го́рцы*, — пла́вно ходи́ли черке́шенки* в чёрных, дли́нных до земли́ оде́ждах.

Пото́м мы уходи́ли на бе́рег мо́ря, всегда́ совсе́м пусто́й, купа́лись и лежа́ли на со́лнце до за́втрака. По́сле за́втрака — э́то бы́ли жа́реная ры́ба, бе́лое вино́, оре́хи и фру́кты — мы остава́лись в до́ме и закрыва́ли ста́вни*.

Когда́ жара́ проходи́ла, мы открыва́ли окно́. Часть мо́ря, кото́рая была́ видна́ из него́, лежа́ла так ро́вно и споко́йно, что, каза́лось, никогда́ не ко́нчится э́тот поко́й, э́та красота́.

На *зака́те* ча́сто собира́лись за мо́рем удиви́тельные облака́, они́ горе́ли так *великоле́пно*, что она́ иногда́ ложи́лась на дива́н, закрыва́ла лицо́ прозра́чным шарфо́м и пла́кала, ещё две, три неде́ли — и опя́ть Москва́!

Но́чи бы́ли тёплые и тёмные. Когда́ глаза́ привыка́ли к темноте́, видны́ бы́ли вверху́ звёзды и го́ры, кото́рых мы не *замеча́ли* днём.

Иногда́ по ноча́м надвига́лись с гор стра́шные ту́чи, начина́лась *бу́ря* и слышны́ бы́ли уда́ры *гро́ма*. Тогда́ в леса́х просыпа́лись пти́цы, ла́яли ма́ленькие соба́чки... Оди́н раз к на́шему *освещённому* окну́ сбежа́лась це́лая *ста́я* их, — они́ всегда́ сбега́ются в таки́е но́чи к жилью́, — мы откры́ли окно́ и смотре́ли на них све́рху, а они́ стоя́ли под дождём и ла́яли, проси́лись к нам... Она́ ра́достно пла́кала, гля́дя на них.

Он иска́л её в Геленджике́, в Га́грах, в Со́чи. На друго́й день по́сле прие́зда в Со́чи он купа́лся у́тром в мо́ре, пото́м бри́лся, наде́л чи́стое бельё, *белосне́жный ки́тель**, поза́втракал в свое́й гости́нице на терра́се рестора́на, вы́пил буты́лку шампа́нского, пил ко́фе с шартре́зом*, не спеша́ вы́курил сига́ру. Когда́ верну́лся в свой но́мер, он лёг на дива́н и вы́стрелил себе́ в виски́ из двух револьве́ров.

1937

Если эти слова (в тексте они выделены) вам незнакомы, посмотрите их значение в словаре.

Áлый

Волшéбный
вы́прямиться

Закáт

Избá

Крыльцó

Лáвка
лúпа

Мундúр

Наглéц
негодя́й

Обожáть

Печь (пéчка)
подкóва

пóшлый
прелéстный
протёкший (протéчь)

Рассéянность

Самолю́бие
скáтерть
сóвесть
стан
стрáнный
стрóйный

Тахтá

Упрекáть

Чернобрóвый

Шипóвник

Тёмные аллеи

В холодный осенний день, на одной из больших тульских* дорог, к длинной избе, в одной части которой была казённая почтовая станция, а в другой частная горница*, подъехал тарантас* с полуподнятым верхом. В тарантасе сидел *стройный* старик-военный в большом картузе* и в николаевской серой шинели*. Он был ещё *чернобровый,* но с белыми усами. Он был похож на Александра II*; взгляд был тоже строгий и в то же время усталый.

Когда лошади остановились, он вышел из тарантаса, придерживая руками в замшевых перчатках полы шинели, и взбежал на *крыльцо избы*.

— Налево, ваше превосходительство*! — крикнул ему кучер*, и он вошёл в сени*, потом в горницу налево.

В горнице было тепло, сухо и чисто: новый золотистый *образ** в левом углу, под ним покрытый чистой *скатертью* стол, за столом чисто вымытые *лавки;* кухонная *печь,* ближе к входу стояла тахта. Из печи сладко пахло щами.

Приезжий сбросил на лавку шинель и оказался ещё стройнее в *мундире* и в сапогах, потом снял перчатки и картуз и с усталым видом провёл бледной худой рукой по голове. У него было красивое лицо с тёмными глазами. В горнице никого не было, и он крикнул, приоткрыв дверь в сени:

— Эй, кто там!

Сразу же в горницу вошла темноволосая, тоже чернобровая и тоже ещё красивая женщина. Она была похожа на пожилую цыганку, легко ходила, но была полная, с большими грудями под красной кофточкой.

— Добро пожаловать, ваше превосходительство, — сказала она. — Кушать будете или самовар подать* прикажете?

Приезжий быстро глянул на неё и невнимательно ответил:

— Самовар. Хозяйка тут или служишь?

— Хозяйка, ваше превосходительство.

— Вдова, если сама ведёшь хозяйство?

— Не вдова, ваше превосходительство, а надо же на что-то жить. И хозяйствовать я люблю.

— Так. Так. Это хорошо. И как чисто, приятно у тебя.

Женщина всё время внимательно смотрела на него.

— И чистоту люблю, — ответила она. — Ведь при господах* выросла, Николай Алексеевич.

Он быстро *выпрямился*, раскрыл глаза и покраснел:

— Надежда! Ты? — сказал он.

— Я, Николай Алексеевич, — ответила она.

— Боже мой*, боже мой! — сказал он, садясь на лавку и глядя на неё. — Сколько лет мы не виделись? Лет тридцать пять?

— Тридцать, Николай Алексеевич. Мне сейчас сорок восемь, а вам около шестидесяти, думаю?

— Да... Боже мой, как *странно*!

— Что странно, сударь*?

— Но всё, всё... Как ты не понимаешь!

Усталость и *рассеянность* его исчезли, он встал и решительно заходил по горнице, глядя в пол. Потом остановился и, краснея, стал говорить:

— Ничего не знаю о тебе с тех самых лет. Как ты сюда попала? Почему не осталась с господами?

— Мне господа вскоре после вас вольную* дали.

—А где жила́ пото́м?
—До́лго расска́зывать.
—За́мужем не была́?
—Нет, не была́.
—Почему́? При тако́й красоте́, кото́рую ты име́ла?
—Не могла́ я э́того сде́лать.
—Отчего́ же не могла́? Что ты хо́чешь сказа́ть?
—Что тут объясня́ть. Наве́рное, по́мните, как я вас люби́ла.

Он покрасне́л до слёз и опя́ть зашага́л.

—Всё прохо́дит, мой друг, — заговори́л он. — Любо́вь, мо́лодость — всё, всё. Исто́рия *по́шлая*, обыкнове́нная. Че́рез годы всё прохо́дит. Как э́то ска́зано в кни́ге Ио́ва*? «Как о воде́ *проте́кшей* бу́дешь вспомина́ть».

—Что кому́ Бог даёт, Никола́й Алексе́евич. Мо́лодость у вся́кого прохо́дит, а любо́вь — друго́е де́ло.

Он по́днял го́лову и боле́зненно усмехну́лся:

—Ведь не могла́ же ты люби́ть меня́ весь век!

—Зна́чит, могла́. Ско́лько вре́мени прошло́. Зна́ла, что вы давно́ ста́ли други́м, что для вас как бу́дто ничего́ и не́ было, а вот... По́здно тепе́рь *упрека́ть*, а ведь, пра́вда, о́чень бессерде́чно вы меня́ бро́сили. Ско́лько раз я хоте́ла ру́ки на себя́ наложи́ть*. Ведь бы́ло вре́мя, Никола́й Алексе́евич, когда́ я вас Николе́нькой звала́, а вы меня́ — по́мните как? И всё стихи́ мне чита́ли про «тёмные алле́и», — сказа́ла она́ с недо́брой улы́бкой.

—Ах, как хороша́ ты была́! — говори́л он. — Как горяча́, как прекра́сна! Како́й *стан*, каки́е глаза́! По́мнишь, как на тебя́ все загля́дывались?

—По́мню, су́дарь. Бы́ли и вы тогда́ хороши́. И ведь э́то вам отдала́ я свою́ красоту́. Как же мо́жно тако́е забы́ть.

—А! Всё прохо́дит. Всё забыва́ется.

—Всё прохо́дит, да не всё забыва́ется.

—Уходи, — сказа́л он, отвора́чиваясь и подходя́ к окну́. — Уходи́, пожа́луйста.

Он вы́нул плато́к, прижа́л его́ к глаза́м и бы́стро приба́вил:

—То́лько бы Бог меня́ прости́л. А ты, наве́рное, прости́ла.

Она́ подошла́ к две́ри и останови́лась:

—Нет, Никола́й Алексе́евич, не прости́ла. Скажу́ так: прости́ть я вас никогда́ не могла́. Как не́ было ничего́ доро́же вас на све́те в то вре́мя, так и пото́м не́ было. Оттого́-то и прости́ть мне вас нельзя́. Ну да не бу́дем вспомина́ть об э́том.

—Да, да, не бу́дем, прикажи́ подава́ть лошаде́й, — отве́тил он, отходя́ от окна́ уже́ со стро́гим лицо́м. — Одно́ тебе́ скажу́: никогда́ я не́ был сча́стлив в жи́зни. Извини́, что, мо́жет быть, задева́ю твоё *самолю́бие*, но скажу́ открове́нно — жену́ я о́чень си́льно люби́л. А измени́ла, бро́сила меня́ ещё ху́же, чем я тебя́. Сы́на *обожа́л* — пока́ рос, каки́х то́лько наде́жд на него́ не возлага́л! А вы́рос *негодя́й*, *нагле́ц*, без се́рдца, без че́сти, без *со́вести*... Всё э́то то́же са́мая обыкнове́нная, по́шлая исто́рия. Будь здоро́ва, ми́лый друг. Ду́маю, что и я потеря́л в тебе́ са́мое дорого́е, что име́л в жи́зни.

Она́ подошла́ и поцелова́ла у него́ ру́ку, он поцелова́л у неё.

—Прикажи́ подава́ть лошаде́й...

Когда́ пое́хали да́льше, он ду́мал: «Да, как *преле́стна* была́! *Волше́бно* преле́стна!» Со стыдо́м вспомина́л свои́ после́дние слова́ и то, что поцелова́л у неё ру́ку и сра́зу стыди́лся своего́ стыда́. «Ра́зве непра́вда, что она́ дала́ мне лу́чшие мину́ты жи́зни?»

К *зака́ту* появи́лось бле́дное со́лнце. Ку́чер гнал лошаде́й и то́же о чём-то ду́мал. Наконе́ц сказа́л серьёзно:

— А она́, ва́ше превосходи́тельство, всё смотре́ла в окно́, когда́ мы уезжа́ли. Наве́рное, давно́ зна́ете её?

— Давно́, Клим.

— Ба́ба у́мная. И всё, говоря́т, богате́ет. Де́ньги в рост даёт*.

— Э́то ничего́ не зна́чит.

— Как не зна́чит! Кому́ же не хо́чется полу́чше пожи́ть! И она́, говоря́т, справедли́ва. Но строга́! Не о́тдал во́время — сам винова́т.

— Да, да, сам винова́т... Поторопи́сь, пожа́луйста, как бы не опозда́ть нам к по́езду...

Ни́зкое со́лнце жёлто свети́ло на пусты́е поля́, ло́шади ро́вно шли по лу́жам. Он гляде́л на их *подко́вы* и ду́мал:

«Да, сам винова́т. Да, коне́чно, лу́чшие мину́ты. И не лу́чшие, а волше́бные! "Круго́м *шипо́вник а́лый* цвёл, стоя́ли тёмных *лип* алле́и..." Но, бо́же мой, что же бы́ло бы да́льше? Что, е́сли бы я не бро́сил её? Э́та са́мая Наде́жда не хозя́йка го́рницы, а моя́ жена́, хозя́йка моего́ петербу́ргского до́ма, мать мои́х дете́й?»

И, закрыва́я глаза́, кача́л голово́й.

1938

Если эти слова (в тексте они выделены) вам незнакомы, посмотрите их значение в словаре.

Боло́то

Весло́
воробе́й
вскочи́ть
встре́чный

Гру́бый

Дро́гнуть

Заколо́ться

Истери́чка

Кинжа́л
комáр
кормá
кувши́нка
курье́рский (по́езд)

Меланхо́лия
ме́стность
мольбе́рт

Негодя́й
ненави́деть

Облокоти́ться
о́зеро
осторо́жность

Пету́х
пове́ситься
позо́р
по́рох
преле́стно
промочи́ть
промча́ться

Ре́льсы
репети́тор
ро́динка

Самолюби́вый
сму́глый
соро́ка
следи́ть
страда́ть
стрекоза́

Труп

Уж

Ру́ся

В оди́ннадцатом часу́ ве́чера ско́рый по́езд Москва́ — Севасто́поль* останови́лся на ма́ленькой ста́нции под Москво́й и чего́-то ждал на второ́м пути́. В по́езде к окну́ ваго́на пе́рвого кла́сса подошли́ господи́н* и да́ма*. Че́рез *ре́льсы* переходи́л конду́ктор с кра́сным фонарём в руке́, и да́ма спроси́ла:

—Послу́шайте. Почему́ мы стои́м?

Конду́ктор отве́тил, что опа́здывает *встре́чный курье́рский*.

На ста́нции бы́ло темно́. Он *облокоти́лся* на окно́, она́ на его́ плечо́.

—Одна́жды я жил в э́той *ме́стности* во вре́мя кани́кул, — сказа́л он. — Был *репети́тором* в одно́й да́чной уса́дьбе*, верста́х* в пяти́ отсю́да. Ску́чная ме́стность. Невысо́кий лес, *соро́ки, комары́* и *стреко́зы*. Дом, коне́чно, в ру́сском да́чном сти́ле и о́чень ста́рый, — хозя́ева бы́ли лю́ди обедне́вшие, — за до́мом сад, за са́дом *о́зеро* и́ли *боло́то*, заро́сшее *кувши́нками*, ло́дка во́зле бе́рега.

—И, коне́чно, скуча́ющая деви́ца, кото́рую ты ката́л по э́тому боло́ту.

—Да, то́лько деви́ца была́ совсе́м не скуча́ющая. Ката́л я её по ноча́м, и получа́лось да́же поэти́чно.

Появи́лся наконе́ц встре́чный по́езд, с шу́мом и ве́тром *промча́лся* ми́мо. Ваго́н то́тчас пое́хал. Проводни́к вошёл в купе́, освети́л его́ и стал гото́вить посте́ли.

—Ну и что же у вас с э́той деви́цей бы́ло? Настоя́щий рома́н? Ты почему́-то никогда́ не расска́зывал мне о ней. Кака́я она́ была́?

—Худа́я, высо́кая. Носи́ла жёлтый сарафа́н.

— Тоже, значит, в русском стиле?

— Думаю, что больше всего в стиле бедности. Не во что одеться, ну и сарафан. Кроме того, она была художница, училась в Строгановском училище* живописи. У неё была длинная чёрная коса на спине, *смуглое лицо с маленькими тёмными родинками*, узкий правильный нос, чёрные глаза, чёрные брови...

— Я знаю этот тип. У меня на курсах такая подруга была. *Истеричка*, наверное.

— Возможно. Тем более что лицом была похожа на мать, а мать была княжной* с восточной кровью, *страдала меланхолией*. Выходила только к столу. Выйдет, сядет и молчит. Если же вдруг заговорит, то так неожиданно и громко.

— А отец?

— Тоже молчаливый и высокий; отставной военный*. Простой и милый был только их мальчик, с которым я занимался.

Проводник вышел из купе, сказал, что постели готовы, и пожелал спокойной ночи.

— А как её звали?

— Руся.

— Это что же за имя?

— Очень простое — Маруся.

— Ты был очень влюблён в неё?

— Конечно, казалось, что ужасно.

— А она?

Он помолчал и ответил:

— Наверное, и ей так казалось. Но пойдём спать. Я ужасно устал за день.

— Ну, расскажи хотя бы в двух словах, чем и как ваш роман кончился.

— Да ничем. Уехал, и всё.

— Почему́ же ты не жени́лся на ней?

— Наве́рное, предчу́вствовал, что встре́чу тебя́.

— Нет, серьёзно?

— Ну, потому́, что я застрели́лся, а она́ *заколо́лась кинжа́лом*...

И, умы́вшись и почи́стив зу́бы, они́ закры́лись в купе́, разде́лись и легли́.

Она́ ско́ро засну́ла, он не спал, лежа́л, кури́л и мы́сленно смотре́л в то ле́то...

На те́ле у неё то́же бы́ло мно́го ма́леньких тёмных ро́динок — э́то бы́ло *преле́стно*. Оттого́, что она́ ходи́ла в мя́гкой о́буви, без каблуко́в, всё те́ло её волнова́лось под жёлтым сарафа́ном. Одна́жды она́ *промочи́ла* в дождь но́ги, вбежа́ла из са́да в гости́ную, и он стал целова́ть её мо́крые но́ги — тако́го сча́стья ещё не́ было в его́ жи́зни. Дождь шуме́л всё быстре́е за откры́тыми на балко́н дверя́ми. В до́ме все спа́ли по́сле обе́да — и как стра́шно испуга́л его́ и её како́й-то чёрный *пету́х*, кото́рый вбежа́л из са́да в ту са́мую мину́ту, когда́ они́ забы́ли об *осторо́жности*. Уви́дев, как они́ *вскочи́ли* с дива́на, он бы́стро побежа́л наза́д под дождь...

По утра́м он был за́нят с ма́льчиком, она́ по хозя́йству. Обе́дали в час, и по́сле обе́да она́ уходи́ла к себе́ и́ли, е́сли не́ было дождя́, в сад. В саду́ стоя́л под де́ревом её *мольбе́рт* и она́ рисова́ла с нату́ры. Пото́м ста́ла выходи́ть на балко́н, где он по́сле обе́да сиде́л с кни́гой в кре́сле. Она́ стоя́ла и смотре́ла на него́ с улы́бкой:

— Мо́жно узна́ть, что вы чита́ете?

— Исто́рию Францу́зской револю́ции.

— Я и не зна́ла, что у нас в до́ме появи́лся револю́ционе́р!

— А что же вы переста́ли рисова́ть?

— Поняла́, что у меня́ нет тала́нта.

—А вы покажи́те мне что́-нибудь из ва́ших рабо́т.

—А вы ду́маете, что вы что́-нибудь понима́ете в жи́вописи?

—Вы стра́шно *самолюби́вы.*

Одна́жды она́ предложи́ла ему́ поката́ться по о́зеру.

День был жа́ркий, она́ пры́гнула на нос ло́дки, но вдруг кри́кнула и подхвати́ла сарафа́н до са́мых коле́н, то́пая нога́ми: —*Уж! Уж!*

Он схвати́л *весло́,* сту́кнул им ужа́, подде́л его́ и далеко́ отбро́сил в во́ду.

Она́ была́ бледна́:

—Ох, кака́я га́дость! Неда́ром сло́во «у́жас» происхо́дит от ужа́. Они́ у нас тут везде́, и в саду́, и под до́мом... И Пе́тя берёт их в ру́ки!

Впервы́е заговори́ла она́ с ним про́сто, и впервы́е взгляну́ли они́ друг дру́гу в глаза́ пря́мо.

—Но како́й вы молоде́ц! Как вы его́ сту́кнули!

Она́ успоко́илась, улыбну́лась и, перебежа́в с но́са на *корму́,* ве́село се́ла. И он с не́жностью поду́мал: да она́ совсе́м ещё девчо́нка!

—Пра́вда хорошо́? — кри́кнула она́.

—О́чень! — отве́тил он, и у него́ не́жно *дро́гнуло* се́рдце.

Она́ засмея́лась и, упа́в на корму́ спино́й, бры́знула с мо́крой руки́ пря́мо ему́ в глаза́. Тогда́ он схвати́л её и, не понима́я, что де́лает, поцелова́л в гу́бы. Она́ бы́стро обняла́ его́ за ше́ю и поцелова́ла в щёку...

С тех пор они́ ста́ли пла́вать по ноча́м. На друго́й день она́ вы́звала его́ по́сле обе́да в сад и спроси́ла:

—Ты меня́ лю́бишь?

Он отве́тил, по́мня вчера́шние поцелу́и в ло́дке:

—С пе́рвого дня на́шей встре́чи!

—И я, — сказа́ла она́. — Нет, снача́ла *ненави́дела —* мне каза́лось, что ты совсе́м не замеча́ешь меня́. Сего́-

дня ве́чером, когда́ все ля́гут спать, иди́ опя́ть туда́ и жди меня́. То́лько вы́йди из до́му *осторо́жно* — ма́ма за ка́ждым ша́гом мои́м *следи́т*.

Но́чью она́ пришла́ на бе́рег с пле́дом в руке́. Он встре́тил её ра́достно и спроси́л:

— А плед заче́м?

— Како́й глу́пый! Нам же бу́дет хо́лодно. Ну, скоре́е поплы́ли к тому́ бе́регу...

Всю доро́гу они́ молча́ли. Когда́ подплы́ли к ле́су на той стороне́, она́ сказа́ла:

— Ну вот. Тепе́рь иди́ ко мне. Где плед? Накро́й меня́, я замёрзла, и сади́сь. Вот так... Тепе́рь я снача́ла сама́ поцелу́ю тебя́, то́лько ти́хо, ти́хо. А ты обними́ меня́... везде́...

Она́ не́жно целова́ла его́ в гу́бы. Он ки́нул её на корму́. Она́ обняла́ его́...

Полежа́в, она́ приподняла́сь и с улы́бкой счастли́вой уста́лости и ещё не ути́хшей бо́ли сказа́ла:

— Тепе́рь мы муж с жено́й. Ма́ма говори́т, что она́ не переживёт моего́ заму́жества, но я сейча́с не хочу́ об э́том ду́мать... Зна́ешь, я хочу́ искупа́ться, стра́шно люблю́ по ноча́м...

Она́ разде́лась, бы́стро поцелова́ла его́, вскочи́ла на́ ноги и упа́ла в во́ду.

Пото́м он помо́г ей оде́ться. В темноте́ ска́зочно бы́ли видны́ её чёрные глаза́ и чёрные во́лосы. Он целова́л её ру́ки и молча́л от необыкнове́нного сча́стья...

Че́рез неде́лю его́ с *позо́ром* вы́гнали из до́ма.

Ка́к-то по́сле обе́да они́ сиде́ли в гости́ной и, каса́ясь голова́ми, смотре́ли карти́нки в журна́ле.

— Ты меня́ ещё не разлюби́ла? — ти́хо спра́шивал он, де́лая вид, что внима́тельно смо́трит.

— Глу́пый. Ужа́сно глу́пый! — шепта́ла она́.

Вдруг послышались шаги — и на пороге встала в чёрном старом халате её мать. Она вбежала, как на сцену, и крикнула:

— Я всё поняла! Я чувствовала, я следила! *Негодяй*, она не будет твоею!

И выстрелила из старинного пистолета, которым Петя пугал *воробьёв,* заряжая его только *порохом.* Он бросился к ней, схватил её руку. Она вырвалась, ударила его пистолетом в лоб, до крови разбила ему бровь. Услышав, что по дому бегут на крик и выстрел, стала кричать ещё театральнее:

— Только через мой *труп* перешагнёт она к тебе! Если сбежит с тобой, в тот же день *повешусь,* брошусь с крыши! Негодяй, вон из моего дома! Марья Викторовна, выбирайте: мать или он!

Она прошептала:

— Вы, вы, мама...

Он открыл глаза. Уже далеко, далеко осталась эта печальная станция. И уже целых двадцать лет тому назад было всё это...

За Курском*, в вагоне-ресторане, когда после завтрака он пил кофе с коньяком, жена сказала ему:

— Что это ты столько пьёшь? Это уже, кажется, пятая рюмка. Всё ещё грустишь, вспоминаешь свою дачную девицу?

— Грущу, грущу, — ответил он, неприятно усмехаясь. — Дачная девица... Amata nobis quantum amabitur nulla!*

— Это по-латыни? Что это значит?

— Этого тебе не нужно знать.

— Какой ты *грубый,* — сказала она и стала смотреть в солнечное окно.

1940

Если эти слова (в тексте они выделены) вам незнакомы, посмотрите их значение в словаре.

Безразли́чие
благоро́дный

Ве́жливость
вероя́тно
вла́жный
возбуждённый

Душа́

Заку́ска
замеча́тельный

Испыта́вший (испыта́ть)

Кла́дбище

Напра́сно
непромока́емый

Освещённый
отража́ться

Печа́льно
поно́шенный
поща́да
предосторо́жность
прохла́дный

Раздраже́ние
рыда́ть

Стра́нно
сутенёр

Терпе́ть
тоска́
тра́ур

Чаевы́е
чу́дный

В Пари́же

Когда́ он был в шля́пе, — шёл по у́лице и́ли стоя́л в ваго́не метро́, — ему́ мо́жно бы́ло дать не бо́льше сорока́ лет. У э́того челове́ка бы́ло худо́е лицо́, пряма́я, высо́кая фигу́ра, он был оде́т в дли́нное *непромока́емое* пальто́. То́лько све́тлые глаза́ его́ смотре́ли с сухо́й гру́стью и говори́л и держа́лся он как челове́к, мно́го *испыта́вший* в жи́зни. В Пари́же мно́гие зна́ли, что ещё в Константино́поле* его́ бро́сила жена́ и что живёт он тепе́рь с постоя́нной ра́ной в *душе́*.

Одна́жды, в сыро́й пари́жский ве́чер по́здней о́сенью он зашёл пообе́дать в небольшу́ю ру́сскую столо́вую. При столо́вой был магази́н — он останови́лся пе́ред его́ широ́ким окно́м, за кото́рым бы́ли видны́ на подоко́ннике ро́зовые буты́лки с ряби́новкой* и жёлтые с зубро́вкой*, блю́до с засо́хшими жа́реными пирожка́ми, блю́до с котле́тами, коро́бка халвы́, коро́бка шпро́тов, да́льше сто́йка с *заку́сками*, за сто́йкой хозя́йка с неприя́тным ру́сским лицо́м. В магази́не бы́ло светло́, и он пошёл на э́тот свет из тёмного переу́лка. Он поклони́лся хозя́йке и прошёл в ещё пусту́ю, сла́бо *освещённую* ко́мнату, где бы́ли накры́тые бума́гой сто́лики. Там он не спеша́ пове́сил свою́ се́рую шля́пу и дли́нное пальто́ на ве́шалку, сел за сто́лик в са́мом да́льнем углу́ и стал чита́ть меню́. Вдруг его́ у́гол освети́лся, и он уви́дел же́нщину лет тридцати́, с чёрными волоса́ми и чёрными глаза́ми, в бе́лом пере́днике и в чёрном пла́тье.

—Bonsoir, monsieur*, — сказа́ла она́ прия́тным го́лосом. Она́ показа́лась ему́ так хороша́, что он *смути́лся* и отве́тил:

— Bonsoir... Но вы ведь русская?

— Русская. Извините, это уже привычка говорить с гостями по-французски.

— Да разве у вас много бывает французов?

— Довольно много, и все заказывают обязательно зубровку, блины, даже борщ. Вы что-нибудь уже выбрали?

— Нет, тут столько всего... Вы сами посоветуйте что-нибудь.

Она стала перечислять заученным тоном:

— Сегодня у нас щи флотские, битки по-казацки, отбивные телячьи котлетки или, если хотите, шашлык по-карски...

— Прекрасно. Будьте добры дать щи и битки.

Она всё записала в блокноте кусочком карандаша. Руки у неё были очень белые и *благородной* формы, платье *поношенное*, но было видно, что из хорошего дома.

— Водочки желаете?

— Да. Сырость на улице ужасная.

— Закусить что желаете? Есть *чудная* сельдь, красная икра, огурчики малосольные...

Он опять взглянул на неё: очень красив белый передник на чёрном платье, красиво видны под ним груди сильной молодой женщины... полные губы не накрашены, но свежи, на голове чёрная коса, но кожа на белой руке гладкая, ногти блестящие и чуть розовые, — виден маникюр...

— Что я желаю закусить? — сказал он, улыбаясь. — Только селёдку с горячим картофелем.

— А вино?

— Красное. Обыкновенное, — какое у вас всегда дают к столу.

Она отметила в блокноте и пошла за водкой и селёдкой. Он посмотрел ей вслед — на то, как ровно она двигалась... Да, *вежливость* и *безразличие*, все движения скромной служащей. Но дорогие хорошие туфли. Откуда? Есть, наверное, пожилой, богатый «друг»... Он давно не был так *возбуждён*, как в этот вечер, благодаря ей, и последняя мысль вызвала в нём *раздражение*. Да, каждый год, каждый день, втайне ждёшь только одного — счастливой любовной встречи, живёшь только надеждой на эту встречу, и всё *напрасно*...

На другой день он опять пришёл и сел за свой столик. Она была сначала занята, принимала заказ двух французов и вслух повторяла, отмечая в блокноте:

—Caviar rouge, salade russe... Deux chachlyks*...

Потом вышла, вернулась и пошла к нему с лёгкой улыбкой, уже как к знакомому:

—Добрый вечер. Приятно, что вам у нас понравилось.

—Доброго здоровья. Очень понравилось. Как вас называть прикажете?

—Ольга Александровна. А вас?

—Николай Платонович.

Они пожали друг другу руки, и она взяла блокнот.

—Сегодня у нас вкусный рассольник.

—Прекрасно, рассольник так рассольник... А вы давно тут работаете?

—Третий месяц.

—А раньше где?

—Раньше была продавщицей в Printemps.

—Наверное, из-за сокращений* потеряли работу?

—Да, сама не ушла бы.

Он с удовольствием подумал: «Значит, дело не в "друге"», — и спросил:

—Вы замужем?

—Да.

— А муж ваш что делает?

— Работает в Югославии. Бывший участник Белого движения*. Вы, *вероятно*, тоже?

— Да, участвовал и в великой и в гражданской войне*.

— Это сразу видно. И, вероятно, генерал, — сказала она, улыбаясь.

— Бывший. Теперь пишу истории этих войн по заказам разных иностранных издательств... Как же это вы одна?

— Так вот и одна...

На третий вечер он спросил:

— Вы любите кино?

Она ответила, ставя на стол мисочку с борщом:

— Иногда бывает интересно.

— Вот теперь в «Etoile» идёт какой-то, говорят, *замечательный* фильм. Хотите пойдём посмотрим? У вас есть, конечно, выходные дни?

— Благодарю. Я свободна по понедельникам.

— Ну вот и пойдём в понедельник. Сегодня что? Суббота? Значит, послезавтра?

— Да. Завтра вы, наверное, не придёте?

— Нет, еду за город к знакомым. А почему вы спрашиваете?

— Не знаю... Это *странно*, но я уж как-то привыкла к вам.

Он благодарно взглянул на неё и покраснел:

— И я к вам. Знаете, на свете так мало счастливых встреч...

И поспешил переменить разговор:

— Итак, послезавтра. Где же нам встретиться? Вы где живёте?

— Возле метро Motte-Picquet.

—Видите, как удобно, — прямой путь до Etoile. Я буду ждать вас там при выходе из метро ровно в восемь тридцать.

—Благодарю.

Он шутливо поклонился:

—Это я вас благодарю. Уложите детей, — улыбаясь, сказал он, чтобы узнать, есть ли у неё дети, — и приезжайте.

—Слава богу*, детей у меня нет, — ответила она и понесла от него тарелки.

Ему было приятно. «Я уже привыкла к вам...» Да, может быть, это и есть долгожданная счастливая встреча. Только поздно, поздно...

Вечером в понедельник шёл дождь. Он надеялся поужинать с ней на Монпарнасе и не стал обедать. Он зашёл в кафе, съел сандвич с ветчиной, выпил кружку пива и, закурив, сел в такси. У входа в метро Etoile остановил шофёра и вышел под дождь на тротуар — шофёр стал ждать его. Из метро по лестницам поднимался народ, раскрывая на ходу зонтики, газетчик выкрикивал возле него названия вечерних выпусков. Неожиданно в толпе показалась она. Он радостно пошёл к ней навстречу:

—Ольга Александровна...

Нарядно и модно одетая, она свободно, не так, как в столовой, подняла на него глаза, дамским движением подала руку, на которой висел зонтик, подхватив другой рукой подол длинного вечернего платья. Он обрадовался ещё больше: «Вечернее платье — значит, тоже думала, что после кино поедем куда-нибудь», — и отвернул край её перчатки, поцеловал руку.

—Бедный, вы долго ждали?

—Нет, я только что приехал. Идём скорее в такси...

И с волнением он вошёл за ней в полутёмную машину. На повороте машину сильно качнуло, на мгновение салон осветил фонарь, — он невольно поддержал её за талию, почувствовал запах пудры от её щеки, увидел её крупные колени под вечерним чёрным платьем и полные, в красной помаде губы. Совсем другая женщина сидела теперь возле него.

В тёмном зале, глядя на экран, они тихо переговаривались:

— Вы одна или с какой-нибудь подругой живёте?

— Одна. Отель чистый, тёплый, но знаете, из тех, куда можно зайти на ночь или на часы с девицей... Шестой этаж, лифта, конечно, нет. Ночью — в дождь — страшная *тоска*. Раскроешь окно — никого нигде, совсем мёртвый город, где-то внизу один фонарь под дождём... А вы, конечно, холостой и тоже в отеле живёте?

— У меня небольшая квартира. Живу тоже один. Давний парижанин. И, главное, полное одиночество. Жена меня ещё в Константинополе бросила.

— Вы шутите?

— Нет. История очень обыкновенная. Бросила на второй год после замужества.

— Где же она теперь?

— Не знаю.

Она долго молчала. По экрану дурацки бегал какой-то подражатель Чаплина*.

— Да, вам, наверное, очень одиноко, — сказала она.

— Да. Но что же, надо *терпеть*.

— Очень грустно.

— Да, невесело.

— Но разве у вас нет друзей, знакомых?

— Друзей нет.

— Кто же занимается вашим хозяйством?

— Хозяйство у меня скромное. Кофе варю себе сам, завтрак готовлю тоже сам. К вечеру приходит уборщица.

— Бедный! — сказала она, сжав его руку.

И они долго сидели так, рука с рукой, делая вид, что смотрят на экран.

Он наклонился к ней:

— Знаете что? Поедемте куда-нибудь, на Монпарнас, например, тут ужасно скучно и дышать нечем...

Она кивнула головой и стала надевать перчатки.

Когда они сели в полутёмную машину, он опять отвернул край её перчатки и поцеловал руку. Она посмотрела на него тоже странно и любовно-грустно потянулась к нему лицом, полными, со сладким вкусом помады, губами.

В кафе «Coupole» начали с устриц и анжу*, потом заказали куропаток и красного бордо*. За кофе с жёлтым шартрёзом* оба немного опьянели. Много курили, он смотрел на её лицо и думал, что она красавица.

— Но скажите правду, — говорила она, — ведь были же у вас встречи за эти годы?

— Были. Но вы догадываетесь, какие. Ночные отели... А у вас?

Она помолчала:

— Была одна очень тяжёлая история... Нет, я не хочу говорить об этом. Мальчишка, *сутенёр*... Но как вы разошлись с женой?

— Тоже был мальчишка, красавец-грек, очень богатый. Она стала ужинать с ним в самом дорогом ресторане, получать от него огромные корзины цветов... «Не понимаю, неужели ты можешь ревновать меня к нему? Ты весь день занят, мне с ним весело, он для меня про́сто ми́лый ма́льчик — и бо́льше ничего́...» Ми́лый ма́льчик! А само́й два́дцать лет. Нелегко́ бы́ло забы́ть её, — пре́жнюю, како́й она́ была́ ра́ньше...

Когда́ по́дали счёт, она́ внима́тельно просмотре́ла его́ и не веле́ла дава́ть бо́льше десяти́ проце́нтов *чаевы́х*. По́сле э́того им обо́им не захоте́лось расста́ться.

—Пое́демте ко мне, — сказа́л он *печа́льно*. — Посиди́м, поговори́м ещё...

—Да, да, — отве́тила она́, встава́я, беря́ его́ под руку и прижима́я её к себе́.

Ночно́й шофёр, ру́сский, привёз их к подъе́зду высо́кого до́ма. Он провёл её в прихо́жую, пото́м в ма́ленькую столо́вую, где в лю́стре ску́чно зажгла́сь то́лько одна́ ла́мпочка. Ли́ца у них бы́ли уже́ уста́лые. Он предложи́л ещё вы́пить вина́.

—Нет, дорого́й мой, — сказа́ла она́, — я бо́льше не могу́.

Он стал проси́ть:

—Вы́пьем то́лько по бока́лу бе́лого, у меня́ стои́т за окно́м хоро́шее вино́.

—Пе́йте, ми́лый, а я пойду́ разде́нусь и помо́юсь. И спать, спать. Мы не де́ти, вы, я ду́маю, отли́чно зна́ли, что е́сли я согласи́лась е́хать к вам... И вообще́, заче́м нам расстава́ться?

Он от волне́ния не мог отве́тить, мо́лча провёл её в спа́льню, дверь из кото́рой была́ откры́та в ва́нную ко́мнату. Она́ то́тчас ста́ла снима́ть дли́нное пла́тье.

Он вы́шел, вы́пил два бока́ла ледяно́го, го́рького вина́ и не мог удержа́ть себя́, опя́ть пошёл в спа́льню.

В спа́льне, в большо́м зе́ркале на стене́ напро́тив, я́рко *отража́лась* ва́нная ко́мната. Она́ стоя́ла спино́й к нему́, вся го́лая, бе́лая, кре́пкая, наклони́вшись над умыва́льником, мы́ла ше́ю и гру́ди.

— Нельзя́ сюда́! — сказа́ла она́ и, наки́нув купа́льный хала́т, подошла́ и как жена́ обняла́ его́. И как жену́ обня́л и он её, всё её *прохла́дное* те́ло, целу́я ещё *вла́жную* грудь, глаза́ и гу́бы.

Че́рез день она́ ушла́ со слу́жбы и перее́хала к нему́.

Одна́жды зимо́й он уговори́л её взять на своё и́мя сейф в ба́нке Лио́нский креди́т и положи́ть туда́ всё, что он зарабо́тал.

— *Предосторо́жность* никогда́ не меша́ет, — говори́л он. — Я чу́вствую себя́ так, бу́дто мне два́дцать лет. Но ма́ло ли что мо́жет быть...

На тре́тий день Па́схи* он у́мер в ваго́не метро́, — чита́я газе́ту, вдруг отки́нул к спи́нке сиде́ния го́лову...

Когда́ она́, в *тра́уре*, возвраща́лась с *кла́дбища*, был ми́лый весе́нний день, ко́е-где плы́ли в пари́жском не́бе весе́нние облака́, и всё говори́ло о жи́зни ю́ной, ве́чной — и о её, ко́нченой.

До́ма она́ ста́ла убира́ть кварти́ру. В коридо́ре, в шкафу́, уви́дела его́ ле́тнюю шине́ль*, се́рую, на кра́сной подкла́дке. Она́ сняла́ её с ве́шалки, прижа́ла к лицу́ и, прижима́я, се́ла на пол, *рыда́я* и вскри́кивая, прося́ кого́-то о *поща́де*.

1940

Если эти слова (в тексте они выделены) вам незнакомы, посмотрите их значение в словаре.

Атла́сный

Бе́женцы (бе́женец)
безразли́чно

Волше́бный

Крыльцо́

Объяви́ть

Пасья́нс
пожа́р
поко́йный

Равноду́шный

Сосна́

Тиф

Урага́н

Шаль
шнуро́чки (шнурки́)

Холодная осень

В ию́не того́ го́да* он гости́л у нас в име́нии* — он всегда́ был у нас свои́м челове́ком: *поко́йный* оте́ц его́ был дру́гом и сосе́дом моего́ отца́. Пятна́дцатого ию́ня уби́ли в Сара́еве* Фердина́нда. У́тром шестна́дцатого привезли́ с по́чты газе́ты. Оте́ц вы́шел из кабине́та с моско́вской вече́рней газе́той в рука́х в столо́вую, где он, ма́ма и я ещё сиде́ли за столо́м, и сказа́л:

— Ну, друзья́ мои́, война́! В Сара́еве уби́т австри́йский кронпри́нц. Э́то война́!

На Петро́в день* к нам прие́хало мно́го наро́ду, — бы́ли имени́ны* отца́, — и за обе́дом он был *объя́влен* мои́м женихо́м. Но девятна́дцатого ию́ля Герма́ния объяви́ла Росси́и войну́...

В сентябре́ он прие́хал к нам всего́ на су́тки — прости́ться пе́ред отъе́здом на фронт (все тогда́ ду́мали, что война́ ко́нчится ско́ро, и сва́дьба на́ша была́ отло́жена до весны́). И вот наста́л наш проща́льный ве́чер. По́сле у́жина пода́ли, как обы́чно, самова́р*, и, посмотре́в на о́кна, оте́ц сказа́л:

— Удиви́тельно ра́нняя и холо́дная о́сень!

Мы в тот ве́чер сиде́ли ти́хо, то́лько иногда́ говори́ли каки́е-нибудь незначи́тельные слова́, скрыва́я свои́ та́йные мы́сли и чу́вства. Оте́ц спроси́л:

— Так ты всё-таки хо́чешь е́хать у́тром, а не по́сле за́втрака?

— Да, у́тром, — отве́тил он.

Оте́ц ти́хо вздохну́л:

— Ну, как хочешь. Только в этом случае нам с мамой пора спать, мы обязательно хотим проводить тебя...

Мама встала и перекрестила* своего будущего сына, он поцеловал её руку, потом руку отца. Оставшись одни, мы ещё немного побыли в столовой, — я раскладывала *пасьянс*, — он молча ходил из угла в угол, потом спросил:

— Хочешь пройдёмся немного?

На душе у меня делалось всё тяжелее, я *безразлично* ответила:

— Хорошо...

Одеваясь в прихожей, он продолжал что-то думать, с милой усмешкой вспомнил стихи Фета*:

Какая холодная осень!

Надень свою *шаль* и капот*...

— Капота нет, — сказала я. — А как дальше?

— Не помню. Кажется, так:

Смотри — меж чернеющих *сосен*

Как будто *пожар* восстаёт...

— Какой пожар?

— Восход луны, конечно. Есть какая-то деревенская осенняя *прелесть* в этих стихах: «Надень свою шаль и капот...» Времена наших дедушек и бабушек... Ах, боже мой*, боже мой!

— Что ты?

— Ничего, милый друг. Всё-таки грустно. Грустно и хорошо. Я очень, очень люблю тебя...

Одевшись, мы прошли через столовую на балкон, сошли в сад. Он остановился и обернулся к дому:

— Посмотри, как совсем особенно, по-осеннему светят окна дома. Буду жив, вечно буду помнить этот вечер...

Я посмотрела, и он обнял меня. Я слегка отклонила голову, чтобы он поцеловал меня. Поцеловав, он посмотрел мне в лицо.

—Как блестя́т глаза́, — сказа́л он. — Тебе́ не хо́лодно? Во́здух совсе́м зи́мний. Е́сли меня́ убью́т, ты всё-таки не сра́зу забу́дешь меня́?

Я поду́мала: «А вдруг пра́вда убью́т? и неуже́ли я всё-таки забу́ду его́ в како́й-то коро́ткий срок — ведь всё когда́-нибудь забыва́ется?» И бы́стро отве́тила, испуга́вшись свое́й мы́сли:

—Не говори́ так! Я не переживу́ твое́й сме́рти!

Он, помолча́в, ме́дленно проговори́л:

—Ну что же, е́сли убью́т, я бу́ду ждать тебя́ там. Ты поживи́, пора́дуйся на све́те, пото́м приходи́ ко мне.

Я го́рько запла́кала...

У́тром он уе́хал. Ма́ма наде́ла ему́ на ше́ю золото́й образо́к*, кото́рый носи́ли на войне́ её оте́ц и дед, — и мы перекрести́ли его́. Постоя́в на *крыльце́*, мы вошли́ в опусте́вший дом.

Уби́ли его́ — како́е стра́нное сло́во! — через ме́сяц, в Гали́ции*. И вот прошло́ с тех пор це́лых три́дцать лет. И мно́гое, мно́гое пе́режито бы́ло за э́ти до́лгие го́ды, когда́ внима́тельно ду́маешь о них, вспомина́ется всё то *волше́бное*, непоня́тное про́шлое. Весно́й восемна́дцатого го́да, когда́ отца́ и ма́тери уже́ не́ было в живы́х, я жила́ в Москве́, в подва́ле у одно́й торго́вки. Я то́же занима́лась торго́влей, продава́ла, как мно́гие продава́ли тогда́, солда́там ко́е-что из того́, что оста́лось у меня́, — како́е-нибудь коле́чко, кре́стик, мехово́й воротни́к. И вот тут, торгу́я на углу́ Арба́та* и ры́нка, я встре́тила челове́ка ре́дкой, прекра́сной души́, пожило́го вое́нного в отста́вке*, за кото́рого вско́ре вы́шла за́муж и с кото́рым уе́хала в апре́ле в Екатериноде́р*. Е́хали мы туда́ с ним и его́ племя́нником, ма́льчиком лет семна́дцати, почти́ две неде́ли, — и пробы́ли на Дону́* и на Куба́ни* бо́льше двух лет. Зимо́й, в *урага́н*, отплы́ли с огромной толпой других *беженцев* из Новороссийска* в Турцию, и на пути, в море, муж мой умер от *тифа*. Близких у меня осталось после этого на всём свете только трое: племянник мужа, его молоденькая жена и их девочка, ребёнок семи месяцев. Но и племянник с женой уплыли через некоторое время в Крым, к Врангелю*, оставив ребёнка со мной. Там они и пропали без вести*. А я ещё долго жила в Константинополе*, зарабатывая на себя и на девочку очень тяжёлым трудом. Потом, как многие другие, мы жили в Болгарии, Сербии, Чехии, Бельгии, Париже, Ницце... Девочка давно выросла, осталась в Париже, стала совсем француженкой, очень миленькой и совершенно *равнодушной* ко мне. Она работала в шоколадном магазине, красивыми ручками с серебряными ноготками завёртывала коробки в *атласную* бумагу и завязывала их золотыми *шнурочками*; а я жила и всё ещё живу в Ницце очень бедно... Была я в Ницце в первый раз в тысяча девятьсот двенадцатом году — и могла ли думать в те счастливые дни, чем когда-то станет она для меня!

Так и пережила я его смерть, не задумываясь сказав когда-то, что я не переживу её. Но, вспоминая всё то, что я пережила с тех пор, всегда спрашиваю себя: да, а что же всё-таки было в моей жизни? И отвечаю себе: только тот холодный осенний вечер. Неужели он был когда-то? Всё-таки был. И это всё, что было в моей жизни, — остальное ненужный сон. И я верю, горячо верю: где-то там он ждёт меня — с той же любовью и молодостью, как в тот вечер. «Ты поживи, порадуйся на свете, потом приходи ко мне...» Я пожила, порадовалась, теперь уже скоро приду.

1944

Комментарий

Бу́нин Ива́н Алексе́евич

Воро́неж — го́род на ю́ге сре́дней полосы́ европе́йской ча́сти Росси́и.

Дворя́нский, дворя́нство — са́мое привилегиро́ванное сосло́вие (социа́льная гру́ппа люде́й) ца́рской Росси́и.

Орло́вская губе́рния, губе́рния — в Росси́и с нача́ла 18 ве́ка и в СССР до 1929 го́да основна́я администрати́вно-территориа́льная едини́ца. Орло́вская губе́рния располо́жена к ю́го-за́паду от Москвы́.

Родово́е име́ние — в Росси́и до 1917 го́да земе́льное владе́ние (жило́й дом с са́дом); *здесь*: име́ние, в кото́ром жи́ло не́сколько поколе́ний э́той семьи́.

Еле́ц — го́род в Орло́вской губе́рнии.

Со́лнечный уда́р

Со́лнечный уда́р — теплово́й уда́р, о́строе заболева́ние, кото́рое возника́ет при дли́тельном пребыва́нии на со́лнце.

С ума́ сойти́ *здесь*: о ненорма́льном челове́ке, кото́рый де́лает глу́пости и ничего́ не понима́ет.

Сама́ра — го́род на реке́ Во́лге.

Пору́чик — в росси́йской а́рмии до 1917 го́да во́инское зва́ние мла́дшего офице́ра.

Ана́па — го́род-куро́рт в Крыму́ на побере́жье Чёрного мо́ря.

Изво́зчик — тот, кто пра́вит наёмным экипа́жем.

Пролётка — открытая двухместная повозка для пассажиров.

Уездный город — город в уезде. В России до 1917 года административно-территориальная единица.

Лакей — то же, что и слуга, работник для выполнения заданий господина.

Сюртук — мужская верхняя одежда в талию.

Затмение нашло — произошло временное помрачение сознания.

Волга — река в европейской части России, крупнейшая в Европе.

Картуз — мужской головной убор.

Ваше благородие! — в России до 1917 года обращение к офицерам и чиновникам низшего класса.

Собор — главная или большая церковь в городе.

Ботвинья — холодный суп из ботвы свёклы.

Марья Моревна — прекрасная королевна из русских народных сказок.

Эполеты — парадные погоны.

Барышня — девушка из интеллигентной среды.

Купеческий, купец — в России до 1917 года социальная группа людей, занимавшихся частной торговлей.

Китель — форменная куртка со стоячим воротником.

Спросить самовар — означало попросить принести кипящий самовар, чашки, сахар и чай.

Кавказ

Арбат — одна из центральных старых улиц Москвы.

Вуаль — тонкая прозрачная ткань, прикрепляется к женской шляпке и опускается на лицо.

Кавказское побережье — морское побережье на территории Кавказа.

Со́чи — го́род-куро́рт на Кавка́зе на побере́жье Чёрного мо́ря, морско́й порт.

Карту́з — мужско́й головно́й убо́р.

Шине́ль — ве́рхнее фо́рменное пальто́ для вое́нных.

Перекрести́ть — си́мвол христиа́нской рели́гии: движе́нием пра́вой руки́ изобража́ть крест над ке́м-либо.

Нарза́н — минера́льная лече́бная вода́ на Се́верном Кавка́зе.

Геленджи́к — го́род-куро́рт на побере́жье Чёрного мо́ря.

Га́гры — го́род-куро́рт на Чёрном мо́ре, морско́й порт.

Бог с ним *здесь*: выраже́ние проще́ния.

Го́рцы *здесь*: го́рное населе́ние на Кавка́зе и в Крыму́.

Черке́шенка — же́нщина черке́сской национа́льности.

Ста́вни — деревя́нные и́ли металли́ческие ство́рки для прикры́тия о́кон.

Ки́тель — фо́рменная ку́ртка со стоя́чим воротнико́м.

Шартре́з — назва́ние кре́пкого ликёра.

Тёмные алле́и

Ту́льский от **Ту́ла** — го́род в Росси́и, располо́жен в 180 км к ю́гу от Москвы́.

Го́рница — чи́стая полови́на крестья́нского до́ма.

Таранта́с — доро́жная пово́зка для пассажи́ров.

Карту́з — мужско́й головно́й убо́р.

Никола́евская се́рая шине́ль — ве́рхнее фо́рменное пальто́ для вое́нных, кото́рое бы́ло введено́ в ру́сской а́рмии при импера́торе Никола́е I (1825–1855).

Алекса́ндр II — импера́тор Росси́и (1855–1881).

Превосходи́тельство — в Росси́и до 1917 го́да ти́тул генера́лов и соотве́тствующих им гражда́нских чино́в.

Ку́чер (изво́зчик) — тот, кто пра́вит наёмным экипа́жем.

Се́ни — помеще́ние пе́ред жило́й ча́стью до́ма.

О́браз — то же, что и ико́на.

Самова́р (подава́ть) — означа́ло принести́ кипя́щий самова́р, ча́шки, са́хар и чай.

Господа́ — так называ́ли владе́льцев крепостны́х крестья́н.

Бо́же мой! *здесь*: выража́ет удивле́ние.

Су́дарь — фо́рма ве́жливого обраще́ния к мужчи́не.

Во́льная — докуме́нт, кото́рый подтвержда́л во времена́ крепостно́го пра́ва в Росси́и (1649–1861), что крепостно́й отпу́щен на свобо́ду.

Кни́га Ио́ва — одна́ из са́мых дре́вних книг Би́блии.

Ру́ки на себя́ наложи́ть — уби́ть себя́.

Де́ньги в рост дава́ть — дава́ть де́ньги в долг под проце́нты.

Ру́ся

Севасто́поль — го́род в Крыму́, морско́й порт.

Господи́н — мужчи́на, принадлежа́щий к привилегиро́ванному сло́ю о́бщества.

Да́ма — заму́жняя же́нщина, принадлежа́щая к привилегиро́ванному сло́ю о́бщества.

Уса́дьба — в Росси́и до 1917 го́да земе́льное владе́ние (жило́й дом с са́дом).

Верста́ — стари́нная ру́сская ме́ра длины́, ра́вная 1,06 км.

Стро́гановское учи́лище — шко́ла, где гото́вили худо́жников декорати́вно-прикладно́го иску́сства. Основана в 1825 году́ гра́фом С.Г. Стро́гановым. В настоя́щее вре́мя Моско́вский худо́жественно-промы́шленный университе́т и́мени С.Г. Стро́ганова.

Княжна́ (княги́ня) — в Росси́и до 1917 го́да почётный дворя́нский ти́тул, кото́рый передава́лся по насле́дству.

Отставно́й вое́нный — вое́нный, уво́лившийся с вое́нной слу́жбы.

Ку́рск — го́род в Росси́и, располо́жен в 530 км к ю́гу от Москвы́.

Amata nobis quantum amabitur nulla! *лат.* — Возлю́бленная на́ми, как никака́я друга́я возлю́блена не бу́дет!

В Пари́же

Константино́поль — назва́ние го́рода Стамбу́ла в Ту́рции до 1930 го́да.

Ряби́новая — назва́ние во́дки.

Зубро́вка — назва́ние во́дки.

Bonsoir, monsieur *франц.* — до́брый ве́чер, су́дарь.

Caviar rouge, salade russe... Deux chachlyks *франц.* — кра́сная икра́, винегре́т, два шашлыка́.

Сокраще́ние *здесь*: увольне́ние рабо́тников.

Бе́лое движе́ние — вое́нно-полити́ческое движе́ние, сформи́рованное в хо́де Гражда́нской войны́ (1917–1922/23) в Росси́и с це́лью сверже́ния сове́тской вла́сти.

Вели́кая и гражда́нская война́. Вели́кая война́ *здесь*: **Пе́рвая мирова́я война́** (1914–1918) — война́, в кото́рой уча́ствовало 34 госуда́рства. **Гражда́нская война́** (1917–1922/23) — война́ на террито́рии бы́вшей Росси́йской импе́рии, по́сле перехо́да вла́сти к большевика́м в результа́те Октя́брьской револю́ции 1917 го́да.

Сла́ва бо́гу! *здесь*: хорошо́.

Ча́плин Ч.С. (1889–1977) — америка́нский актёр, кинорежиссёр, компози́тор.

Анжу́ — назва́ние францу́зского вина́.

Бордо́ — назва́ние францу́зского вина́.

Шартре́з — назва́ние кре́пкого ликёра.

Па́сха — Све́тлое Воскресе́ние Христо́во — гла́вный христиа́нский пра́здник.

Шине́ль — ве́рхнее фо́рменное пальто́ для вое́нных.

Холо́дная о́сень

В ию́не того́ го́да *здесь*: име́ется в виду́ 1914 год.

Име́ние — в Росси́и до 1917 го́да земе́льное владе́ние (жило́й дом с са́дом).

Сара́ево — столи́ца Бо́снии и Герцегови́ны.

Петро́в день — пра́здник правосла́вного календаря́, отмеча́ется как день святы́х апо́столов Петра́ и Па́вла 29 ию́ня (9 ию́ля).

Имени́ны — у христиа́н — день па́мяти свято́го, и́менем кото́рого на́зван челове́к.

Пода́ть самова́р — означа́ло принести́ кипя́щий самова́р, ча́шки, са́хар и чай.

Перекрести́ть — си́мвол христиа́нской рели́гии: движе́нием пра́вой руки́ изобража́ть крест над ке́м-либо.

Фет (настоя́щая фами́лия Ше́йнин Афана́сий Афана́сьевич (1820–1892)) — изве́стный ру́сский поэ́т.

Капо́т — же́нское дома́шнее пла́тье.

Бо́же мой! *здесь*: выража́ет восто́рг.

Образо́к (о́браз) — то же, что и ико́на.

Гали́ция — часть За́падной Украи́ны.

Арба́т — одна́ из центра́льных ста́рых у́лиц Москвы́.

Военный в отставке — военный, уволившийся с военной службы.

Екатеринодар — название современного города Краснодара до 1920 года.

Дон — река в европейской части России и Украины.

Кубань — река на Северном Кавказе.

Новороссийск — город, порт на Чёрном море.

Врангель П.Н. — один из главных организаторов контрреволюции в Гражданскую войну, генерал-лейтенант.

Пропасть без вести — о том, кто исчез, чья судьба неизвестна.

Константинополь — название города Стамбула в Турции до 1930 года.

Задания

Солнечный удар

Проверьте, как вы поняли текст

Ответьте на вопросы.

1. Где встретились мужчина и женщина, герои рассказа?
2. Как они провели время в уездном городе?
3. Почему женщина уехала одна?
4. Какие эмоции у мужчины вызвал отъезд женщины?
5. Как он пытается справиться со своими чувствами?

Отметьте предложения, где написана правда → П, а где написана неправда → Н.

1. ☐ События рассказа происходят летом.
2. ☐ Женщина была замужем, имела дочь.
3. ☐ Женщина не хотела продолжения отношений с поручиком.
4. ☐ Через десять лет мужчина и женщина встретились.

Найдите в тексте.

1. Описание чувств, овладевших двумя людьми — мужчиной и женщиной.
2. Описание ощущения поручиком пустоты после отъезда женщины.

Выполните тест.

Выберите правильный вариант ответа к каждому из заданий и отметьте его в рабочей матрице. Проверьте себя по контрольной матрице. (Ответы смотрите в конце книги.)

Образец:

| 1 | А | Б | В |

1. Герои рассказа познакомились ... .
    (А) в Анапе, на море
    (Б) на корабле
    (В) в уездном городе N
2. Поручик предложил женщине сойти на ближайшей пристани, потому что ... .
    (А) у неё закружилась голова
    (Б) он хотел остаться с женщиной наедине
    (В) они решили осмотреть достопримечательности города
3. Мысль о том, что поручик никогда больше не увидит женщину, ...
    (А) ничуть не удивила его
    (Б) развеселила его
    (В) ранила его в самое сердце
4. Поручик не мог назвать имени женщины, потому что ... .
    (А) она не сказала ему, как её зовут
    (Б) он забыл спросить её об имени
    (В) ему было безразлично, как её зовут
5. Внешность поручика ... .
    (А) описывается в самом начале рассказа
    (Б) не описывается
    (В) описывается после рассказа о его драматических переживаниях
6. Поручик мучился от ... .
    (А) жары
    (Б) духоты
    (В) одиночества
7. После расставания с женщиной поручик ... .
    (А) чувствовал себя постаревшим на десять лет
    (Б) чувствовал себя бодрым и помолодевшим на десять лет
    (В) не находил в себе перемены
8. У любви в рассказе ... .
    (А) прекрасное будущее
    (Б) трагическое будущее
    (В) нет будущего

Рабочая матрица

1	А	Б	В
2	А	Б	В
3	А	Б	В
4	А	Б	В
5	А	Б	В
6	А	Б	В
7	А	Б	В
8	А	Б	В

Лексико-грамматические задания

1. Образуйте множественное число существительных, где это возможно.

Образец: Запах — запахи

Любовь — ...
Чувство — ...
Страсть — ...
Поцелуй — ...
Пыль — ...

2. Выберите правильный вариант употребления падежной формы, неправильный вариант зачеркните.

Образец: Три часа тому назад я даже не знала ~~ваше существование~~ / **о вашем существовании**.

1. Потом много лет они вспоминали **с этой минуты** / **эту минуту**: никогда ничего похожего не испытал за всю жизнь ни он, ни она.

2. И поручик как-то легко согласился **с нею** / **у неё**.

3. Номер без неё показался каким-то совсем другим, чем был при **ней** / **её**.

4. Белая густая пыль лежала **на мостовую** / **на мостовой**.

5. Он вернулся **в гостиницу** / **в гостинице** усталый, вошёл в свой большой и пустой номер.

6. Он снял китель и взглянул на себя **в зеркало / в зеркале**: лицо его, — обычное офицерское лицо, серое от загара, — имело теперь сумасшедшее выражение, а в белой тонкой рубашке было что-то юное и глубоко несчастное.

7. Поручик сидел **под навес / под навесом** на палубе, чувствуя себя постаревшим на десять лет.

3. Выберите глагол несовершенного или совершенного вида, неправильный вариант зачеркните.

Образец: Три часа тому назад я даже не **знала / ~~узнала~~** о вашем существовании.

1. Извозчик **останавливался / остановился** возле светлого подъезда, за раскрытыми дверями которого поднималась деревянная лестница.

2. Старый лакей в сюртуке недовольно **брал / взял** вещи и пошёл вперёд.

3. Потом много лет они **вспоминали / вспомнили** эту минуту: никогда ничего похожего не испытал за всю жизнь ни он, ни она.

4. И он почувствовал такую боль и такую ненужность всей своей дальнейшей жизни без неё, что **пугался / испугался**.

5. Быстро пошёл туда, чтобы **отправлять / отправить** ей телеграмму: «Вся моя жизнь навсегда ваша, в вашей власти».

6. Отодвинул от себя ботвинью, попросил чёрный кофе и стал **курить / покурить** и думать, что же теперь делать ему, как избавиться от этой неожиданной любви?

7. Потом стиснул зубы, закрыл веки, чувствуя, как по щекам катятся слёзы, — и, наконец, **засыпал / заснул**.

4. Выберите правильный вариант употребления глаголов движения с приставками, неправильный вариант зачеркните.

Образец: После обеда **вышли / ~~вошли~~** из столовой на палубу.

1. Если **поедем / доедем** вместе, всё будет испорчено.

2. Из темноты дул в лицо сильный, мягкий ветер, пароход **уходил / подходил** к небольшой пристани.

3. В лёгком и счастливом настроении он **довёз / увёз** её до пристани, — как раз к отходу парохода «Самолёт», — при всех поцеловал на палубе.

4. «Не могу же я, — подумал он, — не могу же я просто так **въехать / приехать** в этот город, где её муж, её трёхлетняя девочка, вообще вся её семья и вся её обычная жизнь!»

5. Он надел картуз, быстро **дошёл / прошёл** по пустому коридору, **сбежал / выбежал** по лестнице.

6. Он зачем-то **походил / переходил** среди повозок с огурцами, среди новых мисок и горшков.

7. Он **зашёл / вышел** в собор, где пели, потом долго шагал по маленькому жаркому садику на обрыве горы, над светло-серой рекой.

8. Он вернулся в гостиницу, с удовольствием **дошёл / вошёл** в большую и пустую прохладную столовую на нижнем этаже, снял картуз.

5. Выберите правильный вариант употребления союза, союзного слова, неправильный вариант зачеркните.

Образец: Он чувствовал, **что / чтобы**, не задумываясь, умер бы завтра, если бы можно было каким-нибудь чудом вернуть её, побыть с ней ещё один день.

1. Я даже не знаю, **где / куда** вы сели. В Самаре?

2. **Если / Хотя** поедем вместе, всё будет испорчено.

3. Потом стиснул зубы, закрыл веки, чувствуя, **как / где** по щекам катятся слёзы, — и, наконец, заснул.

4. **Когда / Если** спустились к пристани, уже синела над Волгой синяя летняя ночь.

5. Ещё пахло её хорошим английским одеколоном, ещё стояла на подносе её чашка, **и / а** её уже не было.

6. Он закрыл её ширмой, закрыл окна, **чтобы / что** не слышать шум с улицы, и сел на диван.

6. Подберите синонимы к словам.

Образец: Прелестный = великолепный

Страшный = ...
Небольшой = ...
Обычный = ...

Слова для справок: обыкновенный, маленький, ужасный.

7. Подберите антонимы к словам.

Образец: Пьяный ≠ трезвый

Лёгкий ≠ ...
Жаркий ≠ ...
Мягкий ≠ ...
Сильный ≠ ...

Слова для справок: слабый, жёсткий, холодный, тяжёлый.

8. Подберите и запишите однокоренные слова.

Образец: Солнце — солнечный

Удар — ...
Целовать — ...
Любить — ...
Случайный — ...

9. Что из нижеперечисленных вещей принадлежало прекрасной незнакомке, а что поручику.

Английский одеколон, шпилька, ширма, свечи, китель, картуз.

10. Опишите героев рассказа, используя слова для справок.

Прекрасная незнакомка — ... .
Поручик — ... .
Горожане — ... .

Слова для справок: смелый, растерянный, равнодушный, беспечный, весёлый, рассудительный, простой, несчастный.

11. Перечислите действия героев рассказа, используя слова для справок.

Прекрасная незнакомка — ... .
Поручик — ... .
Горожане — ... .

Слова для справок: зазывать, умолять, мучиться, страдать, переживать, тосковать, продавать, шутить, смеяться.

12. Заполните пропуски в тексте. Используйте слова для справок.

Он зачем-то походил среди повозок с огурцами, среди новых мисок и горшков. Бабы зазывали его, брали горшки в руки и ... по ним пальцами, показывая их качество, мужики громко ... ему: «Вот первый сорт огурчики, ваше благородие!» Всё это было так глупо, что он бежал с базара. Он зашёл в собор, где пели, потом долго шагал по маленькому жаркому садику на обрыве горы, над светло-серой рекой... Было очень жарко. Он вернулся в гостиницу, с удовольствием вошёл в большую и пустую прохладную столовую на нижнем этаже, ... картуз. Он ... за столик возле открытого окна и ... ботвинью со льдом. Всё было хорошо, во всём было огромное счастье, радость. Во всём этом незнакомом городке и в этой старой гостинице была она, эта радость, а в то же время сердце ... на части. Он ... несколько рюмок водки, закусывая малосольными огурцами. Он ... , что, не задумываясь, умер бы завтра, если бы можно было каким-нибудь чудом вернуть её, побыть с ней ещё один день.

Слова для справок: снять, заказать, стучать, кричать, сесть, выпить, разрываться, чувствовать.

13. Прочитайте план текста и продолжите его. Перескажите рассказ по плану.

1. Мужчина и женщина встретились на пароходе и после нескольких часов знакомства сошли на пристани уездного города.

2. Мужчина и женщина сели в пролётку и отправились в гостиницу.

3. На следующее утро женщина уехала одна, а поручик остался ждать следующего парохода.

4. ...

5. ...

6. ...

14. Расскажите историю любви поручика и незнакомки от лица женщины.

15. Давайте обсудим.

1. Как вы думаете, почему автор не называет имён главных героев, но сообщает род занятий мужчины?

2. Как вы считаете, надо ли главным героям рассказа найти друг друга?

3. «Случайное знакомство» и «Солнечный удар». Какое название, по-вашему, лучше и почему?

4. Согласны ли вы с мыслью автора, что «всякая любовь — великое счастье, даже если она не разделена»?

5. Любовь — это стихийное и часто трагичное чувство, которое тем не менее является великим даром. Что вы об этом думаете? Согласны ли вы с этим?

6. Существует ли любовь с первого взгляда? Какие ещё произведения литературы и кино вы знаете на эту тему?

Кавказ

Проверьте, как вы поняли текст

Ответьте на вопросы.

1. Кто главные герои рассказа?

2. Где происходили действия рассказа?

3. Что чувствовали мужчина и женщина, собираясь к морю?

4. Зачем женщина постоянно говорила об осторожности?

5. Как мужчина и женщина проводили время на море?
6. Почему женщина, находясь на море, иногда плакала?
7. Что сделал муж, отправив жену на море?
8. Как муж искал свою жену?
9. Что сделал муж, не найдя жену?

Отметьте предложения, где написана правда → П, а где написана неправда → Н.

1. ☐ Женщина изменяла своему мужу с другим мужчиной.

2. ☐ Муж предупреждал жену, что ни перед чем не остановится, защищая свою честь, честь мужа и офицера.

3. ☐ Отправив жену на море, мужчина остался в Москве.

Найдите в тексте.

1. Описание погоды в Москве и на юге.
2. Описание чувства главного героя в поезде в ожидании возлюбленной.
3. Отношение мужа к супружеской измене.

Выполните тест.

Выберите правильный вариант ответа к каждому из заданий и отметьте его в рабочей матрице. Проверьте себя по контрольной матрице. (Ответы смотрите в конце книги.)

Образец:

| 1 | А | Б | В |

1. План путешествия вдвоём возник у мужчины и женщины … .

   (А) в Сочи
   (Б) в Москве
   (В) в Геленджике

2. Мужчина боялся, что муж его возлюбленной … .

   (А) не отпустит свою жену на море
   (Б) узнал об измене жены
   (В) мог застрелить его

3. На вокзале мужчина прятал лицо в воротник … .
   (А) из-за сильного дождя
   (Б) от волнения и тревоги
   (В) от стыда за своё поведение
4. Мужчина приехал на вокзал заранее, чтобы … .
   (А) купить билеты
   (Б) занять место в поезде
   (В) не встретиться с женщиной и её мужем на платформе
5. Влюблённые ехали на море … .
   (А) в одном вагоне
   (Б) в разных вагонах
   (В) в разных поездах
6. После отъезда из Москвы женщина … .
   (А) больше не общалась с мужем
   (Б) пару раз написала мужу
   (В) писала мужу каждый день
7. Мысли о скором возвращении в Москву женщину … .
   (А) расстраивали
   (Б) радовали
   (В) пугали
8. Чувство, которое доминирует в рассказе, — это … .
   (А) любовь
   (Б) страх
   (В) ревность

Рабочая матрица

1	А	Б	В
2	А	Б	В
3	А	Б	В
4	А	Б	В
5	А	Б	В
6	А	Б	В
7	А	Б	В
8	А	Б	В

Лексико-грамматические задания

1. Выберите правильный вариант употребления падежной формы, неправильный вариант зачеркните.

Образец: Иногда по ночам надвигались с гор страшные тучи, начиналась буря и слышны были удары ~~грому~~ / **грома**.

1. Теперь он почему-то следит **с каждым моим шагом** / **за каждым моим шагом**.

2. В то, что у нас всё получится, мы не верили **в последнюю минуту** / **до последней минуты** — уж очень большим счастьем казалось нам это.

3. Войдя, она даже не поцеловала **мне** / **меня**, только улыбнулась, села на диван и сняла шляпку.

4. Потом мы спустились вдоль **берега** / **берегу** к югу.

5. Когда глаза привыкали **темноту** / **к темноте**, видны были вверху звёзды и горы, которых мы не замечали днём.

6. Когда вернулся **в своём номере** / **в свой номер**, он лёг на диван и выстрелил себе в виски из двух револьверов.

2. Выберите глагол несовершенного или совершенного вида, неправильный вариант зачеркните.

Образец: Иногда по ночам надвигались с гор страшные тучи, **начиналась** / ~~началась~~ буря и слышны были удары грома.

1. Была она у меня за эти дни всего три раза и каждый раз **входила** / **вошла**, говоря: «Я только на одну минуту».

2. Он уже согласился **отпускать** / **отпустить** меня, я ему сказала, что умру, если не увижу юга, моря.

3. Я сразу **опускал** / **опустил** занавеску на окне и, когда носильщик получил чаевые и вышел, я запер дверь на замок.

4. Я просыпался рано и, пока она спала, до чая, который мы **пили** / **выпили** часов в семь, шёл в лес.

5. На закате часто **собирались** / **собрались** за морем удивительные облака, они горели так великолепно, что она

иногда ложилась на диван, **закрывала / закрыла** лицо прозрачным шарфом и плакала, ещё две, три недели — и опять Москва!

3. Выберите правильный вариант употребления глаголов движения с приставками, неправильный вариант зачеркните.

Образец: Потом мы ~~заходили~~ / **уходили** на берег моря, всегда совсем пустой, купались и лежали на солнце до завтрака.

1. Я **приехал / въехал** в Москву и остановился в гостинице, которая находилась в переулке возле Арбата.

2. План наш был такой: **уехать / заехать** в одном поезде на кавказское побережье и прожить там вдвоём три-четыре недели.

3. Рядом был вагон второго класса — я мысленно видел, как он **ушёл / вошёл** в него вместе с нею, снял перчатку и картуз, поцеловал её и перекрестил.

4. Утром, когда я **вышел / взошёл** в коридор, в нём было солнечно и душно.

5. Назад я **проходил / переходил** через базар нашей деревни, там шла торговля, было много народа, лошадей и осликов.

6. Один раз к нашему освещённому окну **сбежалась / разбежалась** целая стая собак.

4. Выберите правильный вариант употребления союза, союзного слова, неправильный вариант зачеркните.

Образец: Я уверена, ~~чтобы~~ / **что** он поедет за мною.

1. Я думаю, **что / чтобы** он на всё способен при его жестоком характере.

2. Из Геленджика и Гагр она послала ему по открытке, написала, что ещё не знает, **когда / где** останется.

3. Был тёмный, отвратительный вечер, **когда / где** я ехал на вокзал.

4. Я просыпался рано и, **хотя / пока** она спала, до чая, который мы пили часов в семь, шёл в лес.

5. Подберите синонимы к словам.

Образец: Плакать = рыдать

Смотреть = ...
Запереть = ...
Послать = ...
Просыпаться = ...

Слова для справок: глядеть, отправить, вставать, закрыть.

6. Подберите антонимы к словам.

Образец: Плакать ≠ смеяться

Открыть ≠ ...
Опустить ≠ ...
Встретиться ≠ ...
Молодой ≠ ...
Чистый ≠ ...

Слова для справок: грязный, старый, закрыть, проститься, поднять.

7. Подберите и запишите однокоренные слова.

Образец: Бледный — бледнеть, бледность

Терпеть — ...
Опоздать — ...
Осторожный — ...
План — ...

8. Составьте текст из следующих фраз.

Когда вернулся в свой номер, он лёг на диван и выстрелил себе в виски из двух револьверов.

Он искал её в Геленджике, в Гаграх, в Сочи.

На другой день после приезда в Сочи он купался утром в море, потом брился, надел чистое бельё, белоснежный китель, позавтракал в своей гостинице на террасе ресторана, выпил бутылку шампанского, пил кофе с шартрезом, не спеша выкурил сигару.

9. Прочитайте план текста и продолжите его. Перескажите рассказ по плану.

1. Мужчина и женщина решили провести время на море тайно от мужа женщины.

2. Женщина была уверена, что муж догадывался о её измене.

3. Однажды вечером план мужчины и женщины получился, они уехали из Москвы на юг.

4. ...

5. ...

6. ...

10. Расскажите эту историю от лица женщины.

11. Давайте обсудим.

1. Как вы относитесь к героине рассказа? Осуждаете ли вы её?

2. Как вы можете объяснить финал рассказа?

3. Какие чувства у вас вызывает поступок мужа героини? Как вы думаете, он слабый или сильный человек?

4. Любили ли муж и жена друг друга, как вы считаете?

5. Как вы относитесь к супружеской измене? Можно ли простить измену?

Тёмные аллеи

Проверьте, как вы поняли текст

Ответьте на вопросы.

1. Как звали главных героев рассказа? Сколько им лет?

2. Где жил мужчина, в каком городе?

3. Чем он занимался?

4. Где произошла встреча двух ранее знакомых людей? При каких обстоятельствах?

5. Что связывало мужчину и женщину в молодости?

6. О чём говорили мужчина и женщина в частной горнице?

7. Что рассказал Николай Алексеевич Надежде о жене и сыне?

8. Какие чувства вызвала у мужчины встреча с Надеждой? О чём он подумал?

9. Что кучер рассказал Николаю Алексеевичу о Надежде?

Отметьте предложения, где написана правда → П, а где написана неправда → Н.

1. ☐ Когда-то Николай Алексеевич и Надежда любили друг друга.

2. ☐ Тёмные аллеи — это место, где встречались молодые Николенька и Надежда.

3. ☐ Николай Алексеевич женился на другой женщине.

4. ☐ Надежда долго не прощала Николая Алексеевича, но однажды встретив — простила его.

Найдите в тексте.

1. Описание внешности главных героев рассказа.

2. Описание горницы, которую содержала Надежда.

Выполните тест.

Выберите правильный вариант ответа к каждому из заданий и отметьте его в рабочей матрице. Проверьте себя по контрольной матрице. (Ответы смотрите в конце книги.)

Образец:

| 1 | А | Б | В |

1. Встреча главных героев после многих лет разлуки произошла ... .
   - (А) в имении Николая Алексеевича
   - (Б) в петербургском доме Николая Алексеевича
   - (В) под Тулой, в частной горнице

2. Герои не виделись ... .
   - (А) сорок восемь лет
   - (Б) тридцать пять лет
   - (В) тридцать лет

3. После отъезда любимого Николеньки Надежда ... .
   (А) сбежала из имения его родителей
   (Б) получила вольную от господ
   (В) осталась служить господам в имении и ждать возвращения любимого
4. Надежда не вышла замуж, так как ... .
   (А) очень сильно любила Николая Алексеевича
   (Б) больше не верила мужчинам
   (В) решила самостоятельно зарабатывать себе на жизнь
5. В семейной жизни Николай Алексеевич был ... .
   (А) глубоко несчастлив
   (Б) очень счастлив
   (В) не заинтересован
6. Николай Алексеевич считал, что Надежда ... .
   (А) подарила ему лучшие минуты жизни
   (Б) не простила его
   (В) не смогла его забыть
7. О Надежде люди говорят, что она ... .
   (А) самолюбивая
   (Б) богатая и злая
   (В) умная, строгая, но справедливая
8. Во время встречи с Николаем Алексеевичем Надежда была одета в ... .
   (А) серое
   (Б) красное
   (В) чёрное
9. В свой петербургский дом Николай Алексеевич ... .
   (А) больше не вернулся
   (Б) вернулся один
   (В) вернулся с Надеждой
10. Тёмные аллеи — это ... .
    (А) место, где встречались молодые Николай Алексеевич и Надежда
    (Б) строчка из стихотворения, которое читал молодой Николай Алексеевич Надежде

(В) название станции, где после долгих лет разлуки встретились Николай Алексеевич и Надежда

Рабочая матрица

1	А	Б	В
2	А	Б	В
3	А	Б	В
4	А	Б	В
5	А	Б	В
6	А	Б	В
7	А	Б	В
8	А	Б	В
9	А	Б	В
10	А	Б	В

Лексико-грамматические задания

1. Выберите правильный вариант употребления падежной формы, неправильный вариант зачеркните.

Образец: Ничего не знаю о **тебе / тобой** с тех самых лет.

1. **В тарантасе / В тарантас** сидел стройный старик-военный в большом картузе и в николаевской серой шинели.

2. Он был похож на **Александр II / Александра II**.

3. Приезжий сбросил на **лавку / лавкой** шинель и оказался ещё стройнее в мундире и в сапогах.

4. У него было красивое лицо с **тёмными глазами / тёмных глаз**.

5. Мне господа вскоре после **вам / вас** вольную дали.

6. Кучер гнал **лошадям / лошадей** и тоже о чём-то думал.

2. Выберите глагол несовершенного или совершенного вида, неправильный вариант зачеркните.

Образец: Налево, ваше превосходительство! — крикнул ему кучер, и он **входил / вошёл** в сени, потом в горницу налево.

1. Женщина всё время внимательно **смотрела** / **посмотрела** на него.

2. Ничего не **знаю** / **узнаю** о тебе с тех самых лет. Как ты сюда попала?

3. Он **поднимал** / **поднял** голову и болезненно усмехнулся.

4. Ведь не могла же ты **любить** / **полюбить** меня весь век!

5. Баба умная. И всё, говорят, **богатеет** / **разбогатеет**.

6. А она, ваше превосходительство, всё **смотрела** / **посмотрела** в окно, когда мы уезжали.

3. Выберите правильный вариант употребления глаголов движения с приставками, неправильный вариант зачеркните.

Образец: Сразу же в горницу **вошла** / ~~взошла~~ темноволосая, тоже чернобровая и тоже ещё красивая женщина.

1. В холодный осенний день, на одной из больших тульских дорог, к длинной избе, в одной части которой была казённая почтовая станция, а в другой частная горница, **уехал** / **подъехал** тарантас с полуподнятым верхом.

2. Когда лошади остановились, он **ушёл** / **вышел** из тарантаса, придерживая руками в замшевых перчатках полы шинели, и **взбежал** / **набежал** на крыльцо избы.

3. Усталость и рассеянность его исчезли, он встал и решительно **заходил** / **приходил** по горнице, глядя в пол.

4. —Уходи, — сказал он, отворачиваясь и **подходя** / **входя** к окну.

5. Когда **заехали** / **поехали** дальше, он думал: «Да, как прелестна была! Волшебно прелестна!»

6. А она, ваше превосходительство, всё смотрела в окно, когда мы **уезжали** / **приезжали**.

4. Выберите правильный вариант употребления союза, союзного слова, неправильный вариант зачеркните.

Образец: Знала, **что** / ~~чтобы~~ вы давно стали другим.

1. Приезжий сбросил на лавку шинель и оказался ещё стройнее в мундире и в сапогах, **хотя / потом** снял перчатки и картуз и с усталым видом провёл бледной худой рукой по голове.

2. Ведь было время, Николай Алексеевич, **если / когда** я вас Николенькой звала, а вы меня — помните как?

3. Думаю, **чтобы / что** и я потерял в тебе самое дорогое, что имел в жизни.

4. **Когда / Хотя** поехали дальше, он думал: «Да, как прелестна была! Волшебно прелестна!»

5. Подберите синонимы к словам.

Образец: Красивый = прекрасный

Хотеть = ...
Обожать = ...
Прощать = ...

Слова для справок: извинять, сильно любить, желать.

6. Подберите антонимы к словам.

Образец: Богатеть ≠ беднеть

Отвечать ≠ ...
Дать ≠ ...
Подъезжать ≠ ...
Закрывать ≠ ...
Терять ≠ ...
Умный ≠ ...
Низкий ≠ ...
Холодный ≠ ...
Длинный ≠ ...
Тёмный ≠ ...
Чистый ≠ ...

Слова для справок: открывать, спрашивать, находить, отъезжать, взять, светлый, тёплый, высокий, грязный, глупый, короткий.

7. Подберите и запишите однокоренные слова.

Образец: Тёмный — темнеть, темнота

Чистый — ...
Читать — ...
Стыдиться — ...
Простить — ...

8. Заполните пропуски в тексте. Используйте слова для справок.

В холодный осенний ... , на одной из больших тульских ... , к длинной ... , в одной части которой была казённая почтовая станция, а в другой частная ... , подъехал ... с полуподнятым верхом. В тарантасе сидел стройный старик-военный в большом ... и в николаевской серой ... . Он был ещё чернобровый, но с белыми ... . Он был похож на ... ; взгляд был тоже строгий и в то же время усталый.

Слова для справок: усы, шинель, горница, дорога, изба, день, картуз, тарантас, Александр II.

9. Прочитайте план текста и продолжите его. Перескажите рассказ по плану.

1. Как-то холодной осенью Николай Алексеевич, старик-военный, по дороге в Петербург заезжает в один дом выпить чаю.
2. В этом доме он неожиданно встречает бывшую свою возлюбленную Надежду.
3. Надежда говорит, что всю жизнь любила Николая Алексеевича, и так и не вышла замуж.
4. ...
5. ...
6. ...

10. Расскажите историю любви молодых людей от лица Надежды; о встрече Николая Алексеевича и Надежды от лица кучера Клима.

11. Давайте обсудим.

1. Какой вы себе представляете Надежду?
2. Считаете ли вы Николая Алексеевича виноватым перед Надеждой?
3. Предположите, как бы могла сложиться жизнь Николая Алексеевича, если бы он в молодости не бросил Надежду.
4. Как вы думаете, кто из героев нравится Бунину больше? Аргументируйте свой ответ.
5. Как вы думаете, почему рассказ называется «Тёмные аллеи»? Как бы вы назвали этот рассказ?

Руся

Проверьте, как вы поняли текст

Ответьте на вопросы.

1. Где состоялся разговор мужа и жены?
2. Что делал рассказчик в этой местности много лет назад?
3. Как мужчина проводил свободное время по предположению жены?
4. Кто такая Руся? Чем она занималась?
5. Как произошло сближение рассказчика и Руси?
6. Где молодые люди проводили время?
7. Как относился молодой человек к Русе?
8. Почему мать Руси стреляла из пистолета?
9. Какие чувства вызвали у рассказчика воспоминания о событиях давних лет?

Отметьте предложения, где написана правда → П, а где написана неправда → Н.

1. ☐ Рассказчик и Руся были влюблены друг в друга.
2. ☐ Мать Руси была против замужества дочери.
3. ☐ Рассказчик бросил Русю.
4. ☐ Даже через двадцать лет рассказчик не забыл Русю.

Найдите в тексте.

1. Описание характера и внешности Руси.
2. Описание местности, в которой находился дом Руси.
3. Описание чувств главного героя, вызванных воспоминаниями о Русе.

Выполните тест.

Выберите правильный вариант ответа к каждому из заданий и отметьте его в рабочей матрице. Проверьте себя по контрольной матрице. (Ответы смотрите в конце книги.)

Образец:

| 1 | А | Б | В |

1. Разговор между мужем и женой произошёл ... .
   (А) в Москве
   (Б) на станции под Москвой
   (В) в Севастополе

2. Главный герой знал местность, в которой остановился поезд, так как в юности ... .
   (А) работал репетитором в одной дачной усадьбе
   (Б) приезжал в эти места рисовать с натуры
   (В) гостил в этих местах

3. Рассказ о Русе жену главного героя ... .
   (А) оставил равнодушной
   (Б) заинтересовал
   (В) разозлил

4. Главный герой рассказывает жене о своих отношениях с Русей ... .
   (А) с иронией
   (Б) серьёзно
   (В) неохотно

5. В юности рассказчик ... .
   (А) несерьёзно относился к девушке
   (Б) любил Русю
   (В) ненавидел Русю

6. Из-за воспоминаний о Русе рассказчик … .
   (А) ужасно устал и быстро заснул
   (Б) долго не мог заснуть
   (В) решил искупаться в озере
7. Рассказчик вспоминает Русю … .
   (А) с нежностью и любовью
   (Б) весело и беззаботно
   (В) с раздражением
8. Рассказчику пришлось уехать из усадьбы, потому что … .
   (А) он полюбил другую женщину
   (Б) Руся разлюбила его
   (В) его выгнали из дома с позором
9. История с Русей в жизни рассказчика произошла … .
   (А) пять лет назад
   (Б) десять лет назад
   (В) двадцать лет назад

Рабочая матрица

1	А	Б	В
2	А	Б	В
3	А	Б	В
4	А	Б	В
5	А	Б	В
6	А	Б	В
7	А	Б	В
8	А	Б	В
9	А	Б	В

Лексико-грамматические задания

1. Выберите правильный вариант употребления падежной формы, неправильный вариант зачеркните.

Образец: В одиннадцатом часу вечера скорый поезд Москва — Севастополь остановился на **маленькую станцию** /

маленькой станции под Москвой и чего-то ждал на втором пути.

1. Я был **репетитором / репетитора** в одной дачной усадьбе, верстах в пяти отсюда.

2. Тем более что лицом она была похожа на **мать / матери**.

3. Ты был очень влюблён в **неё / она**?

4. Почему же ты не женился на **неё / ней**?

5. Как-то после обеда они сидели в **гостиной / гостиную** и, касаясь головами, смотрели картинки в журнале.

6. Она вырвалась, ударила его **пистолет / пистолетом** в лоб, до крови разбила ему бровь.

2. Выберите глагол несовершенного или совершенного вида, неправильный вариант зачеркните.

Образец: А что же вы перестали **рисовать / нарисовать**?

1. Однажды она промочила в дождь ноги, вбежала из сада в гостиную, и он стал **целовать / поцеловать** её мокрые ноги — такого счастья ещё не было в его жизни.

2. В доме все спали после обеда — и как страшно **пугал / испугал** его и её какой-то чёрный петух, который вбежал из сада в ту самую минуту, когда они забыли об осторожности.

3. День был жаркий, она прыгнула на нос лодки, но вдруг **кричала / крикнула** и подхватила сарафан до самых колен, топая ногами: — Уж! Уж!

4. Он **хватал / схватил** весло, **стукал / стукнул** им ужа, поддел его и далеко отбросил в воду.

5. Всю дорогу они **молчали / замолчали**.

6. Она разделась, быстро **целовала / поцеловала** его, вскочила на ноги и упала в воду.

3. Выберите правильный вариант употребления глаголов движения с приставками, неправильный вариант зачеркните.

Образец: Через рельсы ~~походил~~ / **переходил** кондуктор с красным фонарём в руке.

1. В поезде к окну вагона первого класса **подошли / ушли** господин и дама.

2. Проводник **подошёл / вошёл** в купе, осветил его и стал готовить постели.

3. Проводник **пришёл / вышел** из купе, сказал, что постели готовы, и пожелал спокойной ночи.

4. Увидев, как они вскочили с дивана, петух быстро **побежал / подбежал** назад под дождь.

5. Обедали в час, и после обеда она **уходила / сходила** к себе или, если не было дождя, в сад.

6. Ночью она **пришла / зашла** на берег с пледом в руке.

4. Выберите правильный вариант употребления союза, союзного слова, неправильный вариант зачеркните.

Образец: Я и не знала, ~~чтобы~~ / что у нас в доме появился революционер!

1. Потом стала выходить на балкон, **когда / где** он после обеда сидел с книгой в кресле.

2. А вы думаете, **что / чтобы** вы что-нибудь понимаете в живописи?

3. Мама говорит, **чтобы / что** она не переживёт моего замужества, но я сейчас не хочу об этом думать.

4. **Если / Хотя** сбежит с тобой, в тот же день повешусь, брошусь с крыши!

5. Подберите синонимы к словам.

Образец: Высокий = длинный

Простой = ...
Спокойный = ...
Молчаливый = ...

Слова для справок: лёгкий, тихий, неразговорчивый.

6. Подберите антонимы к словам.

Образец: Вспоминать ≠ забывать

Худой ≠ ...
Мягкий ≠ ...
Высокий ≠ ...
Бедный ≠ ...
Первый ≠ ...
Мокрый ≠ ...

Слова для справок: низкий, жёсткий, последний, толстый, богатый, сухой.

7. Подберите и запишите однокоренные слова.

Образец: Устать — усталость

Ненавидеть — ...
Любить — ...
Грусть — ...

8. Заполните пропуски в тексте. Используйте слова для справок.

Она была ... , училась в Строгановском училище ... . У неё была длинная чёрная коса на ... , смуглое ... с маленькими тёмными ... , узкий правильный ... , чёрные ... , чёрные брови.

Слова для справок: спина, художница, живопись, лицо, нос, глаза, родинки.

9. Прочитайте план текста и продолжите его. Перескажите рассказ по плану.

1. Муж с женой ехали в поезде, но на одной из станций поезд остановился, пропуская встречный.

2. Муж рассказал жене, что в молодости работал репетитором в одной семье и поэтому хорошо знает эти места.

3. Жена предположила, что в этой семье была девушка, с которой у мужа был роман.

4. ...
5. ...
6. ...

10. Расскажите историю любви молодых людей от лица Руси; от лица матери Руси.

11. Давайте обсудим.

1. Как вы думаете, почему рассказчик, вспомнив Русю, теряет покой, пьёт много во время завтрака?

2. Почему муж не рассказал всю правду о Русе жене?

3. Зачем, на ваш взгляд, рассказчик произносит фразу по-латыни и не переводит её жене?

4. О чём сожалеет герой: о прошлом или настоящем?

5. Оцените поведение матери Руси. Найдите объяснение её поведению.

6. Чем понравился или не понравился вам этот рассказ?

В Париже

Проверьте, как вы поняли текст

Ответьте на вопросы.

1. Что знали многие в Париже о Николае Платоновиче?

2. Как познакомились Николай Платонович и Ольга Александровна?

3. Что понравилось мужчине в этой женщине?

4. Куда мужчина пригласил женщину?

5. Что рассказали Николай Платонович и Ольга Александровна друг другу о себе?

6. Как долго Николай Платонович и Ольга Александровна прожили вместе?

7. Как позаботился Николай Платонович об Ольге Александровне?

8. Что помешало счастью Николая Платоновича и Ольги Александровны?

Отметьте предложения, где написана правда → П, а где написана неправда → Н.

1. ☐ Главный герой — бывший военный, которого бросила жена.

2. ☐ Женщина, работавшая в русской столовой в Париже, никогда не была замужем.

3. ☐ Мужчина и женщина, встретившись однажды, решили не расставаться и жили вместе долго и счастливо.

Найдите в тексте.

Описание внешности главных героев.

Выполните тест.

Выберите правильный вариант ответа к каждому из заданий и отметьте его в рабочей матрице. Проверьте себя по контрольной матрице. (Ответы смотрите в конце книги.)

Образец:

| 1 | А | Б | В |

1. Николаю Платоновичу было … .
   (А) лет двадцать
   (Б) около тридцати лет
   (В) больше сорока лет

2. Николай Платонович чувствовал себя несчастным из-за отсутствия … .
   (А) друзей
   (Б) любви
   (В) денег

3. Ольга Александровна … .
   (А) была посетительницей столовой
   (Б) работала официанткой в столовой
   (В) работала продавщицей в русском магазине

4. Мысль о существующем другом мужчине у женщины вызвала у Николая Платоновича … .
   (А) раздражение
   (Б) злость
   (В) страх

5. Николай Платонович пригласил Ольгу Александровну в кино … .
   (А) в первый вечер их знакомства

(Б) через два дня после их знакомства

(В) через три дня после их знакомства

6. Николай Платонович считал знакомство с Ольгой Александровной ... .

   (А) счастливой встречей

   (Б) удобным случаем

   (В) несчастием всей своей жизни

7. До знакомства с Николаем Платоновичем Ольга Александровна жила в гостинице ... .

   (А) одна

   (Б) с мужем

   (В) с подругой

8. Ольга Александровна и Николай Платонович прожили вместе ... .

   (А) много лет

   (Б) два года

   (В) несколько месяцев

9. Николай Платонович умер, ...

   (А) и жизнь Ольги Александровны тоже закончилась

   (Б) Ольга Александровна спокойно перенесла его смерть

   (В) Ольга Александровна была этому рада

Рабочая матрица

1	А	Б	В
2	А	Б	В
3	А	Б	В
4	А	Б	В
5	А	Б	В
6	А	Б	В
7	А	Б	В
8	А	Б	В
9	А	Б	В

Лексико-грамматические задания

1. Выберите правильный вариант употребления падежной формы, неправильный вариант зачеркните.

Образец: Нет, еду за город ~~у знакомых~~ / **к знакомым**.

1. Однажды, **с сырым парижским вечером** / **в сырой парижский вечер** поздней осенью он зашёл пообедать в небольшую русскую столовую.
2. Там он не спеша повесил свою серую шляпу и длинное пальто **на вешалку** / **с вешалкой**, сел за столик в самом дальнем углу и стал читать меню.
3. Она отметила в блокноте и пошла за **водкой** / **водку** и селёдкой.
4. Я свободна **на понедельники** / **по понедельникам**.
5. Кто же занимается **вашим хозяйством** / **вашего хозяйства**?
6. Но как вы разошлись **жену** / **с женой**?
7. Через **день** / **дня** она ушла со службы и переехала к нему.

2. Выберите глагол несовершенного или совершенного вида, неправильный вариант зачеркните.

Образец: Вы что-нибудь уже ~~выбирали~~ / **выбрали**?

1. Они пожали друг другу руки, и она **брала** / **взяла** блокнот.
2. Он надеялся поужинать с ней на Монпарнасе и не стал **обедать** / **пообедать**.
3. Она долго **молчала** / **замолчала**.
4. Жена меня ещё в Константинополе **бросала** / **бросила**.
5. Она стала **ужинать** / **поужинать** с ним в самом дорогом ресторане, получать от него огромные корзины цветов.
6. Он вышел, **пил** / **выпил** два бокала ледяного, горького вина и не мог удержать себя, опять пошёл в спальню.
7. На третий день Пасхи он **умирал** / **умер** в вагоне метро, — читая газету, вдруг откинул к спинке сидения голову.

3. Выберите правильный вариант употребления глаголов движения с приставками, неправильный вариант зачеркните.

Образец: Однажды, в сыром парижский вечер поздней осенью он **зашёл** / ~~отошёл~~ пообедать в небольшую русскую столовую.

1. Он поклонился хозяйке и **ушёл** / **прошёл** в ещё пустую, слабо освещённую комнату, где были накрытые бумагой столики.

2. На другой день он опять **пришёл** / **отошёл** и сел за свой столик.

3. У входа в метро Etoile остановил шофёра и **вышел** / **подошёл** под дождь на тротуар — шофёр стал ждать его.

4. И с волнением он **вошёл** / **ушёл** за ней в полутёмную машину.

5. Ночной шофёр, русский, **вывез** / **привёз** их к подъезду высокого дома.

6. Он вышел, выпил два бокала ледяного, горького вина и не мог удержать себя, опять **отошёл** / **пошёл** в спальню.

7. Через день она ушла со службы и **въехала** / **переехала** к нему.

4. Выберите правильный вариант употребления союза, союзного слова, неправильный вариант зачеркните.

Образец: **Когда** / ~~Потом~~ он был в шляпе, — шёл по улице или стоял в вагоне метро, — ему можно было дать не больше сорока лет.

1. В Париже многие знали, **что** / **чтобы** ещё в Константинополе его бросила жена и что живёт он с теперь с постоянной раной в душе.

2. Он поклонился хозяйке и прошёл в ещё пустую, слабо освещённую комнату, **потому что** / **где** были накрытые бумагой столики.

3. Уложите детей, — улыбаясь, сказал он, **что** / **чтобы** узнать, есть ли у неё дети, — и приезжайте.

4. Он провёл её в прихожую, **поэтому / потом** в маленькую столовую, где в люстре скучно зажглась только одна лампочка.

5. **Хотя / Когда** она, в трауре, возвращалась с кладбища, был милый весенний день, кое-где плыли в парижском небе весенние облака, и всё говорило о жизни юной, вечной — и о её, конченой.

5. Подберите синонимы к словам.

Образец: Чудный = интересный

Фильм = ...
Обыкновенный = ...
Скучно = ...
Машина = ...

Слова для справок: неинтересно, автомобиль, обычный, кино.

6. Подберите антонимы к словам.

Образец: Дальний ≠ ближний

Дорогой ≠ ...
Тёмный ≠ ...
Длинный ≠ ...
Белый ≠ ...
Вечерний ≠ ...
Чистый ≠ ...
Тёплый ≠ ...

Слова для справок: короткий, грязный, дневной, светлый, чёрный, дешёвый, холодный.

7. Подберите и запишите однокоренные слова.

Образец: Конченый — конец, кончать

Счастье — ...
Привыкнуть — ...
Одиночество — ...

8. Составьте текст из следующих фраз.

1. В коридоре, в шкафу, увидела его летнюю шинель, серую, на красной подкладке.

2. Дома она стала убирать квартиру.

3. Она сняла её с вешалки, прижала к лицу и, прижимая, села на пол, рыдая и вскрикивая, прося кого-то о пощаде.

9. Прочитайте план текста и продолжите его. Перескажите рассказ по плану.

1. Николай Платонович, бывший военный, страдал от одиночества.

2. Однажды Николай Платонович зашёл в русскую столовую и познакомился там с официанткой, которую звали Ольга Александровна.

3. Ольга Александровна очень понравилась мужчине, и на следующий день он опять пришёл в ту столовую.

4. ...
5. ...
6. ...

10. Расскажите историю любви мужчины и женщины от лица Ольги Александровны.

11. Давайте обсудим.

1. Как вы думаете, были ли счастливы герои рассказа, встретив друг друга? Аргументируйте свою точку зрения.

2. Как вы считаете, были ли чувства Ольги Александровны искренними?

3. Объясните желание Николая Платоновича оставить все деньги Ольге Александровне?

4. Как бы вы могли успокоить Ольгу Александровну?

Холодная осень

Проверьте, как вы поняли текст

Ответьте на вопросы.

1. Почему до весны отложили свадьбу молодых людей?
2. Как прошёл вечер накануне отъезда молодого человека на фронт?
3. О чём попросил молодой человек девушку, главную героиню рассказа, во время прогулки?
4. Как главная героиня познакомилась со своим будущим мужем? Долго ли они жили вместе?
5. Как и с кем главная героиня рассказа жила во время эмиграции? Чем она занималась?
6. Какое воспоминание в жизни женщины оказалось самым дорогим?

Отметьте предложения, где написана правда → П, а где написана неправда → Н.

1. ☐ Главная героиня рассказа вспоминает события, которые произошли в её жизни 30 лет назад.
2. ☐ Жених главной героини рассказа погиб на фронте.
3. ☐ Основная тема рассказа — трудная жизнь людей в эмиграции.

Найдите в тексте.

1. Обещания героини своему жениху перед его отъездом на фронт.
2. Жизнь главной героини рассказа в Москве и Константинополе.

Выполните тест.

Выберите правильный вариант ответа к каждому из заданий и отметьте его в рабочей матрице. Проверьте себя по контрольной матрице. (Ответы смотрите в конце книги.)

Образец:

| 1 | А | Б | В |

1. Свадьбу молодых людей отложили до весны ... .
   (А) из-за именин отца девушки
   (Б) из-за войны
   (В) из-за работы девушки
2. Разлуку с женихом главная героиня перенесла ... .
   (А) равнодушно
   (Б) тяжело
   (В) легко
3. В Константинополе главная героиня рассказа жила с девочкой, ...
   (А) своей дочкой
   (Б) племянницей мужа
   (В) дочкой племянника мужа
4. Лучшее воспоминание жизни главной героини — это ... .
   (А) поездка в Ниццу в тысяча девятьсот двенадцатом году
   (Б) жизнь с мужем в Екатеринодаре
   (В) вечер с женихом в родительском доме
5. Героиня живёт в ... .
   (А) Ницце
   (Б) Москве
   (В) Екатеринодаре
6. Свою прожитую жизнь главная героиня называет ... .
   (А) ненужным сном
   (Б) волшебной, непонятной
   (В) бедной
7. Главная героиня верит, что после её смерти ... .
   (А) девочка изменит к ней своё отношение
   (Б) она будет рядом со своим любимым
   (В) найдутся её племянник с женой

Рабочая матрица

1	А	Б	В
2	А	Б	В
3	А	Б	В
4	А	Б	В
5	А	Б	В
6	А	Б	В
7	А	Б	В

Лексико-грамматические задания

1. Выберите правильный вариант употребления падежной формы, неправильный вариант зачеркните.

Образец: Муж мой умер **от тифа** / ~~с тифом~~.

1. Отец вышел из кабинета с московской вечерней газетой в руках **в столовую** / **в столовой**, где он, мама и я ещё сидели за столом.

2. Только в этом случае нам с мамой пора спать, мы обязательно хотим проводить **с тобой** / **тебя** завтра.

3. Одеваясь в прихожей, он продолжал что-то думать, с милой усмешкой вспомнил стихи **Фета** / **Фету**.

4. Я тоже занималась **торговлю** / **торговлей**, продавала, как многие продавали тогда, солдатам кое-что из того, что осталось у меня.

5. И вот тут, торгуя на углу Арбата и рынка, я встретила человека редкой, прекрасной души, пожилого военного в отставке, **с которым** / **за которого** вскоре вышла замуж и с которым уехала в апреле в Екатеринодар.

6. Зимой, в ураган, отплыли с огромной толпой других беженцев из Новороссийска **в Турцию** / **Турция**.

2. Выберите глагол несовершенного или совершенного вида, неправильный вариант зачеркните.

Образец: Пятнадцатого июня ~~убивали~~ / **убили** в Сараеве Фердинанда.

1. Мы в тот вечер сидели тихо, только иногда **говорили** / **сказали** какие-нибудь незначительные слова, скрывая свои тайные мысли и чувства.

2. Буду жив, вечно **буду помнить** / **запомню** этот вечер.

3. **Убивали** / **Убили** его — какое странное слово! — через месяц, в Галиции.

4. Торгуя на углу Арбата и рынка, я **встречала** / **встретила** человека редкой, прекрасной души, пожилого военного в отставке, за которого вскоре вышла замуж.

3. Выберите правильный вариант употребления глаголов движения с приставками, неправильный вариант зачеркните.

Образец: Утром шестнадцатого **привезли** / ~~свезли~~ с почты газеты.

1. Отец **вышел** / **зашёл** из кабинета с московской вечерней газетой в руках в столовую, где он, мама и я ещё сидели за столом.

2. На Петров день к нам **уехало** / **приехало** много народу, — были именины отца, — и за обедом он был объявлен моим женихом.

3. Одевшись, мы **прошли** / **перешли** через столовую на балкон, сошли в сад.

4. Постояв на крыльце, мы **подошли** / **вошли** в опустевший дом.

5. Но и племянник с женой **уплыли** / **подплыли** через некоторое время в Крым, к Врангелю, оставив ребёнка со мной.

4. Выберите правильный вариант употребления союза, союзного слова, неправильный вариант зачеркните.

Образец: Мама встала и перекрестила своего будущего сына, он поцеловал её руку, ~~поэтому~~ / потом руку отца.

1. Я слегка отклонила голову, **что** / **чтобы** он поцеловал меня.

2. **Хотя** / **Если** меня убьют, ты всё-таки не сразу забудешь меня?

3. Ты поживи, порадуйся на свете, **потому что / потом** приходи ко мне.

4. И многое, многое пережито было за эти долгие годы, **так как / когда** внимательно думаешь о них, вспоминается всё то волшебное, непонятное прошлое.

5. Подберите синонимы к словам.

Образец: Вечно = всегда, постоянно, всё время

Тихо = ...
Обязательно = ...
Близкие = ...
Совершенно = ...
Бедно = ...

Слова для справок: абсолютно, родственники, небогато, спокойно, непременно.

6. Подберите антонимы к словам.

Образец: Грустный ≠ весёлый

Война ≠ ...
Забывать ≠ ...
Провожать ≠ ...
Холодный ≠ ...
Молодость ≠ ...
Вечерний ≠ ...

Слова для справок: помнить, встречать, старость, утренний, тёплый, мир.

7. Подберите и запишите однокоренные слова.

Образец: Опустевший — опустеть, пустой, пустота

Война — ...
Торговать — ...
Холодный — ...
Радоваться — ...

8. Заполните пропуски в тексте. Используйте слова для справок.

На Петров день к нам приехало много народу, — были ... отца, — и за обедом он был объявлен моим женихом. Но девятнадцатого июля Германия объявила России ... .

В сентябре он приехал к нам всего на сутки — проститься перед отъездом на ... (все тогда думали, что война кончится скоро, и ... наша была отложена до весны). И вот настал наш прощальный ... .

Слова для справок: война, именины, свадьба, вечер, фронт.

9. Прочитайте план текста и продолжите его. Перескажите рассказ по плану.

1. Женщина рассказывает о своей жизни: вот их с молодым человеком объявили женихом и невестой.

2. Но Германия объявила России войну; молодой человек ушёл на фронт, через месяц его убили.

3. Накануне отъезда на фронт молодой человек приехал к невесте попрощаться.

4. ...
5. ...
6. ...

10. Давайте обсудим.

1. Почему главная героиня рассказа считает, что в её жизни был только один холодный осенний день, а все остальные события жизни — ненужный сон?

2. Какие чувства вызывает у вас главная героиня?

3. Какие события в нашей жизни чаще всего запоминаются и потом долго помнятся?

Контрольные матрицы

Солнечный удар

1	А	**Б**	В
2	А	**Б**	В
3	А	Б	**В**
4	**А**	Б	В
5	А	Б	**В**
6	А	Б	**В**
7	**А**	Б	В
8	**А**	Б	В

Кавказ

1	**А**	Б	В
2	**А**	Б	В
3	А	**Б**	В
4	А	Б	**В**
5	**А**	Б	В
6	А	**Б**	В
7	**А**	Б	В
8	**А**	Б	В

Тёмные аллеи

1	А	Б	**В**
2	А	Б	**В**
3	А	**Б**	В
4	**А**	Б	В
5	**А**	Б	В
6	**А**	Б	В
7	А	Б	**В**
8	А	**Б**	В
9	А	**Б**	В
10	А	**Б**	В

Руся

1	А	Б	В
2	А	Б	В
3	А	Б	В
4	А	Б	В
5	А	Б	В
6	А	Б	В
7	А	Б	В
8	А	Б	В
9	А	Б	В

В Париже

1	А	Б	В
2	А	Б	В
3	А	Б	В
4	А	Б	В
5	А	Б	В
6	А	Б	В
7	А	Б	В
8	А	Б	В
9	А	Б	В

Холодная осень

1	А	Б	В
2	А	Б	В
3	А	Б	В
4	А	Б	В
5	А	Б	В
6	А	Б	В
7	А	Б	В